Olaf Huth

Die Kunst der erotischen Verführung

Olaf Huth

Die Kunst der erotischen Verführung

Strategien und Taktiken,
mit denen du jede/n verführst

books & art
impex International GmbH
Senftenberg
ISBN 3-980-83580-4

Vertrieb:
BPV Medien Vertrieb GmbH & Co. KG
Römerstr. 90, 79618 Rheinfelden
Tel. 07623/964-0, Fax 07623/964-259

Umschlaggestaltung + Satz: Buch & medi@, München
Druck und Bindung: GGP, Pößneck
Printed in Germany

Wichtiger Hinweis:

Alle Tipps und Ratschläge in diesem Buch wurden sorgfältig recherchiert. Jede Leserin und jeder Leser ist jedoch aufgefordert, diese nach eigener Verantwortung und eigenem Risiko zu gebrauchen.

Weder der Autor noch die Herausgeber dieses Buches übernehmen daher die juristische Verantwortung oder irgendeine Haftung für den Gebrauch oder Missbrauch der hier dargebrachten Informationen.

Inhalt

Speziell für Frauen

Den Traumpartner finden

> Man sei erst liebenswert, wenn man
> geliebt sein will. (Sophie)
>
> *Goethe*

Sicherlich suchst du, wie fast alle anderen Männer auch, eine gepflegte, rassige und sexuell aufgeschlossene junge Frau. Dann denke auch daran, dass sich eine Frau, die soviel für ihren Körper tut, auch ihres Körpers bewusst ist und auch die gleichen Ansprüche an einen (ihren) Mann stellen wird.

Die wichtigste Regel in Sachen Partnersuche lautet daher:

Achte auf deinen Körper und deine äußere Erscheinung. Du musst nicht gleich aussehen, wie ein Gigolo, aber auf einen gepflegten Körper und eine stattliche Erscheinung solltest du auf jeden Fall achten, wenn du auf der Partnersuche bist (und danach natürlich auch noch!). Du weißt ja selbst, worauf du eher ein Auge wirfst: Auf einen glänzenden, modernen Flitzer oder auf ein klapperndes Vehikel mit stumpfem Lack und einigen Beulen.

Da wir aber im Alltagsleben und durch die Medien ständig mit neuen Bildern versorgt werden, muss es dir gelingen, bei deiner Auserwählten nicht nur Aufmerksamkeit zu erregen, sondern einen bleibenden Eindruck zu hinterlassen. Versuche daher, schon bei der ersten Begegnung widersprüchliche Signale auszusenden. Spiele mit widersprüchlichen Qualitäten und lass durchblicken, dass du sowohl das eine (z.B. draufgängerisch, humorvoll) zugleich aber auch noch etwas anderes bist (z.B. schüchtern, mit dunkler Seele). Es muss dir gelingen, ihre Neugier zu wecken, sodass sie sich in ihrer Fantasie dein Bildnis weiter ausmalt. Du beschäftigst dein Zielobjekt so auch noch, wenn du schon längst aus ihrem Blickfeld verschwunden bist. Deute deine zweite Qualität jedoch nur an, sonst wirkst du schizophren.

Studiere elegante Bewegungen ein. Neben einer guten Haltung – Kopf hoch und Schultern zurück – sind Angewohnheiten, wie etwa das Schwingen des gekreuzten Beines, das Scharren mit den Füßen oder das Trommeln mit den Fingern zu vermeiden.

Ein nervöser Tick (unfreiwillige Augen-, Gesichts-, Hand- oder Fußbewegungen) ist peinlich und abstoßend. Wenn du einen nervösen Tick hast, kannst du diesen durch Konzentrations- und Entspannungsübungen sowie Selbsthypnose stark reduzieren oder sogar ganz ausschalten. Manche Ticks erfordern allerdings eine medizinische Behandlung. Scheue dich aber auch nicht davor, ärztliche Hilfe in Anspruch zu nehmen.

Pflege deine Hände. Frauen achten sehr auf Männerhände, weil sie sich vorstellen, wie sich seine Hände auf ihrem Körper anfühlen werden. Auch mit scharfkantigen, abgerissenen oder schmutzigen Fingernägeln möchte keine Frau berührt werden. Verwende eine Lotion oder ein Hand-Gel, um raue Hände zu vermeiden.

Spätestens, wenn du deine Auserwählte ansprichst, wird sie auch deine Zähne in Augenschein nehmen. Ein mit Lücken, gelbbräunlichen und dahinfaulenden Zähnen besetztes Gebiss lässt dich dann alles andere als attraktiv erscheinen. Mund- und Zahnpflege ist also angesagt. Da jeder Mensch einen mehr oder minder unangenehmen Mundgeruch hat, empfiehlt es sich, vor einem intimeren Gespräch einen Pfefferminz- oder Fruchtdrops zu lutschen oder ein Mundspray zu verwenden. Dies gilt speziell für Raucher.

Flirten

> Ein Mädchen, das lacht,
> ist schon halb gewonnen
>
> *Aus Großbritannien*

Ist es dir gelungen, dich und deine Umgebung in Flirtbereitschaft zu versetzen, dann kannst du zum nächsten Schritt übergehen und Blickkontakt mit deiner Auserwählten herstellen. Vermeide allerdings, pausenlos und gierig nur in ihre Richtung zu starren oder sie mit stechenden Blicken zu mustern. Auch solltest du sie nicht mit deinen Blicken ausziehen oder dir mit der Zunge über die Lippen fahren. Derartige Mimik und Gestik unterstützt nur den Verdacht, sowieso nur »das Eine« zu wollen. Es ist daher besser, sich gerade am Anfang der Kennenlernphase Zurückhaltung aufzuerlegen.

Der Weg in ihr Herz führt über ihre Ohren

Wenngleich das Äußere einen großen Eindruck auf fast alle Menschen macht, so gilt für die Eroberung einer Frau fast immer: Der Weg in ihr Herz führt über ihre Ohren.

Willst du eine Frau verführen, dann erforsche ihre Stimmungen und finde heraus, was in ihrem Leben fehlt. Du musst dich intensiv auf sie konzentrieren und ausloten, welche Kardinalschwäche sie hat. Aus dieser Kardinalschwäche lassen sich immer auch weitere kleine Schwächen ableiten. Ein guter Liebhaber zeichnet sich natürlich dadurch aus, dass er nicht direkt danach fragt, sondern an Hand ihrer Gesten, ihrem Blick, einem bestimmten Tonfall ihrer Stimme, am Stil ihrer Kleidung oder einer unbedachten

Bemerkung beobachtet, was sie preisgibt. Ignoriere das bewusste Verhalten deiner Zielperson, konzentriere dich auf die Tonlage ihrer Stimme, auf ein Erröten, auf einen Blick oder sogar einen Anflug von Ablehnung. Solche Zeichen verraten auch, was sie mit Worten nicht sagen will. Halte dich selbst immer im Hintergrund, finde möglichst viel über ihre Stärken und vor allem ihre Schwächen heraus. Das alles erfährst du natürlich nicht bei einem zweistündigen Abendessen, sondern es erfordert Geduld und die Beachtung aller Details. Es werden dir daraus jedoch ungeahnte Möglichkeiten erwachsen, da nur wenige der Versuchung widerstehen können, jenem Menschen zu folgen, der so sehr auf ihre eigenen Wünsche eingeht und die eigenen Fantasien zum Leben erweckt, der derart maßgeschneiderte Komplimente macht, ja der aus ihr einen Star macht. Du wirst für sie wie eine Droge sein, sie wird süchtig nach dir.

Die meisten Menschen glauben, dass sie eigentlich mehr Größe haben, als nach außen zu erkennen ist. Hier setzt der Verführer an. Spiele also nicht mit ihren niederen Instinkten der körperlichen Gelüste, sondern sprich diese Seite ihres Selbst an.

Menschen lassen sich verführen, indem man ihre Aufmerksamkeit erregt und ihr rationales Denkvermögen abschaltet. Dies gelingt am einfachsten, wenn man ihr Ego, ihre Eitelkeit oder ihr Selbstwertgefühl anspricht. Die Menschen werden mit Dankbarkeit reagieren, sind bewegt, glücklich und vielleicht auch arrogant. Aber es kommt nicht auf die Art ihrer Gefühle an, sondern nur, dass sie *überhaupt* welche haben. Appelliere an ihren Eigennutz und arrangiere alles so, dass sie sich überlegen fühlen. Du gibst ihnen damit das Gefühl, dich für sie zu interessieren und dieses Gefühl schmeichelt den Menschen. Sie werden sich dir öffnen und von deinem Charme abhängig werden. Besonders empfänglich für Verführer sind zurückhaltende Menschen, da sie sich danach verzehren, erlöst zu werden.

Verhalte dich während deiner Verführungsversuche aber nicht zu früh zu direkt. Du riskierst, damit Widerstände aufzubauen, die du niemals brechen wirst. Mache es lieber wie die berühmtesten Verführer aller Zeiten und wandle dich langsam vom Freund zum Liebhaber. Sprich mit ihr über ihre Lieblingsthemen, werde zu ihrem Vertrauten. Du gewinnst so in den freundschaftlichen Gesprächen wertvolle Informationen über ihren Charakter, ihre Vorlieben, Schwächen und Sehnsüchte. Nach und nach wird sie sich in deiner Gesellschaft wohl fühlen, die üblichen Spannungen abbauen und ihre Verteidigung vernachlässigen. Ihr Geist wird verwundbar und Gefühle kommen ins Spiel. Sie wird sich Gedanken machen, ob da nicht noch etwas anderes zwischen euch ist und sich fragen, warum du noch keinen Schritt in diese Richtung getan hast. Schließlich wird sie in dem guten Glauben, das sie die Kontrolle hat, die Initiative ergreifen. Das ist die ideale Verführung: Dem Verführten glaubhaft machen, er sei es, der verführt. Es gibt dann auch keine Verstimmungen oder Abwehrreaktionen.

Hast du im Laufe der Zeit die Seele deiner Auserwählten zur Wallung gebracht, sodass nun der letzte Schritt näher rückt, musst du rasch zum Körperlichen und der Sexualität übergehen. Lege deine eigenen Hemmungen, Zweifel und Angstgefühle ab und stelle eine unbekümmerte Geisteshaltung zur Schau – nichts erschreckt dich, du nimmst nichts persönlich. Rede nicht über die irdischen Dinge, wie Arbeit, Geld, Pflichten, Ehe, Vergangenheit oder Zukunft. Hülle dich für diesen Übergang in eine spirituelle Aura. Der Verführungsprozess wirkt natürlicher, wenn höhere Mächte, das Schicksal oder religiöse Motive einer exotischen Religion für eure Beziehung verantwortlich gemacht werden. Achte aber darauf, die spirituellen Köder deiner Zielperson individuell anzupassen. Ist deine große Liebe nicht für Okkultismus und Religion zu haben, führe sie in die Oper, in Museen, an Orte voller Geschichte. Seit Jahrhunderten haben sich die Sterne am Himmel als Objekte des Kults und der Verehrung bewährt. Richte ihre Gedanken auf die Sterne aus und sie wird vorrübergehend von allem Irdischen und Sterblichen losgelöst sein. Der Geist konzentriert sich so nur noch auf eine Sache, er entspannt sich und Gedanken an die Arbeit, die Pflichten und die ungewisse Zukunft verblassen. Deine Partnerin wird sich erhaben und euphorisch fühlen. Von diesen geistigen Genüssen zu den körperlichen Freuden ist es dann nur noch ein kleiner Schritt.

☯

Denke daran, dass man der Liebe auch eine Chance geben muss. Oft genügen schon geringfügige Veränderungen im Leben, um neue Menschen kennen zu lernen. Verlasse die Wohnung zum Beispiel fünfzehn Minuten früher, um zur Arbeit zu fahren, gehe am Freitagabend statt am Samstag Vormittag einkaufen, fahre nicht immer an derselben Tankstelle tanken, nur weil sie gleich auf dem Weg liegt, usw. Weite also deinen Aktionsradius aus und erkunde neue »Jagdreviere«.

Wenn du glaubst, deine Traumfrau entdeckt zu haben, dann falle trotzdem nicht gleich mit der Tür ins Haus, indem du ein »ich liebe dich« vom Stapel lässt. Du machst dich nämlich bei Frauen uninteressant, wenn du ihnen das Gefühl gibst, nur auf sie zu warten oder eine leichte Beute zu sein. Ein zu früh und zu viel schürt nur Unsicherheiten und lässt Zweifel an deinen Motiven aufkommen. So gut wie jeder Frau wird klar sein, dass du höchstens ihren Körper liebst, als Spielplatz für deinen »Schwengel«. Im Anfangsstadium der Verführung gilt es, dieses Misstrauen, dass in der Angst vor dem entgegengesetzten Geschlecht tief verwurzelt ist, zu zerstreuen.

Willst du, dass deine Zielperson zu dir kommt, gebe dich harmlos, lass ihr Raum und bedränge sie nicht. Zeige dich in ihrem Lebensumfeld immer mal wieder, sodass du ihr auffällst wie ein neuer Himmelskörper am Horizont, gehe aber niemals direkt auf sie zu. Schließe im Laufe der Zeit Freundschaft mit ihr, wie oben im Text erwähnt, halte aber den für Freunde typischen Mindestabstand. Rede wenig Aussagekräftiges und auf gar keinen Fall über Liebe, Lust und Leidenschaft. Wenn sie soweit ist und sich fragt, was in deinem Kopf vor sich gehen mag, wird sie einen Brückenschlag machen, auf dich zugehen und selbst das Thema Liebe aufbringen.

Nimm dir einfach eine Spinne als Symbol für die Verführung: Eine Spinne beginnt mit dem Weben ihres Netzes in einer unauffälligen Ecke mit ein paar unsichtbaren Fäden. Erst nach längerer Zeit ist dieses in perfekter Konstruktion für den Beutefang fertiggestellt, und es fällt aufgrund seiner fast unsichtbaren Fäden nur wenigen auf. Die Spinne jagt ihrer Beute auch nicht hinterher oder versucht, diese ins Netz zu treiben, sondern wartet, bis das Opfer von selbst zu ihr kommt und sich in ihrem Netz verfängt.

Selbstverständlich ist es auch möglich, unmittelbar Eindruck zu machen und schon bei der ersten Begegnung Lust zu erwecken. Dies werden aber meist nur kurzlebige Eroberungen bleiben, mehr etwas für Quantität als für Qualität.

☯

Denke daran, dass es auf dem Partnerschaftsmarkt, auf dem du dich tummeln willst, auch jede Menge Konkurrenz gibt. Daraus ergibt sich die Notwendigkeit, sich selber auch vermarkten zu müssen. Achte daher darauf, deinen Marktwert (und damit deine Chancen, recht bald deine Traumfrau zu finden) zu erhöhen. Du solltest die Konkurrenz aber nicht scheuen und dich vom »Markt« fern halten, denn sonst findet die Liebe und das Leben eben ohne dich statt.

Wenn man eine Partnerin sucht, ist es wichtig, auf sich aufmerksam zu machen.

Es gilt also, nicht mit hängenden Schultern und depressiver Mine durch die Gegend zu laufen oder stumm an der Bar herumzuhängen und 08/15 gekleidet zu gehen, sondern die Blicke auf sich zu ziehen. Angesagt für die Kleidung sind tolle Farben, gestreift, gemustert, auch mal extravagant, so wird dich keine übersehen. Und auch das kann nicht oft genug gesagt werden: Wer öfters mal herzlich lacht, wird von anderen sofort als sympathisch eingeschätzt und wer sich an Gesprächen beteiligt, statt immer nur zuzuhören, gilt als interessant und interessiert.

Einen Anfangskontakt kannst du herstellen, indem du jemanden »zufällig« im Gedränge berührst (das funktioniert gut im Aufzug oder auf einer Party oder im Supermarkt). Diese »zufällige« Berührung schafft Gelegenheit, ein Gespräch zu beginnen (»Oh, entschuldigen Sie …«).

Wenn du bei einer Unterhaltung feststellst, dass dir deine Gesprächspartnerin sympathisch ist, mache folgenden strategischen Zug: Rücke näher an sie heran bzw. mache einen unmerklichen kleinen Schritt auf sie zu. Außerdem kannst du dich leicht vorbeugen. Das schafft größere Vertrautheit.

Es gilt als erwiesen, dass die meisten Menschen nicht zuhören können. Gerade beim Kennenlernen einer neuen Flamme ist es aber wichtig, ihr gut zuzuhören und sie nicht mit Worten zuzuschütten. Du wirst sonst von ihr keine Chance auf ein weiteres Date erhalten.

Benutze im Gespräch den Namen, den sie dir auch genannt hat. Wenn sie zwar Babette heißt, aber sagt, dass alle Babs zu ihr sagen, dann wird das schon seinen Grund haben. Sie wird sicherlich auch keine Lust haben, dir erst noch lang und breit zu erläutern, warum sie lieber Babs genannt werden möchte. Heißt sie Nadine und möchte auch so genannt werden, kannst du ihr ein Kompliment machen, indem du ihr sagst: »Nadine – das ist ein schöner Name. Passt zu dir« oder »Wenn ich ein Mädchen geworden wäre, hätten mich meine Eltern bestimmt auch so genannt«.

Aber auch, wenn du gut zuhören kannst und bei passender Gelegenheit auch selbst ein paar Worte sagst, wird es dir wenig nützen, wenn du dich nicht traust, Frauen anzusprechen und den ersten Kontakt herzustellen. Wenn du nicht einmal ein freundliches »Hallo« über die Lippen bringst, dann werdet ihr aneinander vorbeigehen und dieses zauberhafte Wesen, das dich vielleicht sogar richtig toll fand, ist auf nimmer Wiedersehen verschwunden.

Sicherlich kann eine geringe Menge Alkohol eine wünschenswert enthemmende Wirkung haben. Wenn man sich jedoch schon im leichten Suff befindet und aufdringlich wird, wirkt dies auf Frauen abstoßend. Daher gilt: Den Alkohol eher in Maßen als in Massen konsumieren.

Man sollte beim Flirten nie obszöne Töne anschlagen. Gedankenloses Benehmen wirkt abstoßend und abschreckend.

☯

Konntest du trotz aller »Strategien und Taktiken« bei einer Frau nicht landen, dann denke daran, dass es im Leben immer wieder zeitweise Rückschläge geben wird. Es gibt dafür hunderte von Gründen, die allesamt nichts mit dir zu tun haben müssen. Oft hat eine Frau, bei der du versucht hast, »zu landen« schlicht und einfach schon einen Partner, in den sie verliebt ist. Stelle dir einfach vor, dass es deine Freundin *wäre*. Würde es dir dann gefallen, wenn sie sich von jeder Knalltüte abschleppen ließe, sobald du einmal nicht in Sichtweite bist? Akzeptiere also auch eine Abfuhr, werde nicht lästig und mache den Verschwindibus.

Verführer meiden Menschen, bei denen sie nichts bewegen können und gehen auf jene zu, die empfänglich zu sein scheinen. Sie wissen auch, dass es schwer ist, glückliche und fantasielose Menschen zu verführen. Deren Selbstzufriedenheit macht sie einfach unzugänglich.

☯

Mach dich nie über eine Gefühlsäußerung deiner Partnerin lustig, auch wenn sie sie selbst kritisiert, und bezweifle nie ihre Echtheit (zumindest vor den Augen der Partnerin).

☯

Wenn es einmal soweit kommen sollte, dass sie dir ernsthaft einen Laufpass gibt, dann versuche nicht, mit ihr zu streiten oder zu betteln, es noch einmal zu versuchen. Packe einfach deine sieben Sachen und gehe (bzw. lass sie ihre Koffer packen und gehen). Einer Frau hinterher zu jagen und zu versuchen, sie umzustimmen, funktioniert höchstens in einem Liebesfilm.

Anbaggern

> Bevor man Beute macht, ist es sinnvoll, das,
> was man fangen möchte, nicht sofort zu fangen.
> Denn nur so kann man seine Gewohnheiten
> erkunden, um dann, wenn man genügend
> Bescheid weiß, zuzuschlagen.
>
> *Chao-Hsiu Chen*
> *(Erfolgs-Strategeme)*

Wie im Leben allgemein, gilt auch beim Anbaggern: Denke nicht darüber nach, warum du bei einer Frau sowieso nicht landen wirst (weil du nicht gut genug aussiehst oder weil du nicht wohlhabend genug bist oder weil du nicht intelligent genug bist oder, oder ...), sondern sei dir deiner Qualitäten bewusst, die du hast und setze diese auch konsequent ein.

Willst du einen Aufriss wagen, dann gehe immer davon aus, dass er auch gelingen wird. Negatives Vorausdenken ist hier, wie übrigens immer im Leben, kontraproduktiv.

Auch, wenn du auf der Suche nach einer Partnerin bist, solltest du auf jeden Fall vermeiden, jeder Frau, die an dir vorbei läuft, hinterher zu schauen oder nach allen Richtungen mit prüfenden Blicken nach etwas Weiblichem Ausschau zu halten. Versuche lieber, den Eindruck zu erwecken, dein Blick streife nur rein zufällig den deiner Auserwählten und lächle ihr in diesem Augenblick spontancharmant zu.

> Nur äußre Schönheit
> ohne Herz –
> wie reizvoll auch

und rosenmundig –
genügt dem feinern Sinne
nicht des Mannes, der
wahrer Liebe kundig.

Hâfis

Gibt es die Liebe auf den ersten Blick? Es ist zumindest so, dass wir einem unbekannten Menschen bei der ersten Begegnung besonders ins Gesicht, speziell auf seine Augen und seinen Mund sehen. Wir alle reagieren auf die Augen anderer. Nicht umsonst heißt es seit altershehr: »Die Augen sind die Fenster der Seele« oder jemand hat uns »schöne Augen« gemacht. Augen verraten tatsächlich sehr viel über einen Menschen. Ein starrer Blick mit zusammengekniffenen Lippen lässt uns ein unangenehmes Gefühl verspüren. Einem solchen Menschen wird man lieber aus dem Weg gehen als ansprechen. Hält jemand einen längeren Blickkontakt mit uns und wir erkennen eine freundliche Körpersprache, kann er uns sehr sympathisch sein. Und sicherlich ist es jedem unangenehm, sich mit einem Menschen zu unterhalten, der während des Gesprächs eine dunkle Sonnenbrille trägt oder der uns, wenn er etwas sagt, nicht in die Augen sehen kann. Wir haben dann das Gefühl, der Gesprächspartner möchte uns etwas verbergen, erzählt uns nicht die Wahrheit oder will uns betrügen.

Auch in der Liebe spielt der Blickkontakt eine große Rolle. So kann ein langsamer Augenaufschlag, verbunden mit einem fröhlichen Gesichtsausdruck durchaus sexuell erregend sein. Blinzelt eine Frau einem Mann zu, so ist das fast immer als Sympathiebekundung zu verstehen oder sogar als Einladung zum Flirten. Aber *Liebe auf den ersten Blick* ist ein romantischer Mythos. Um jemanden wirklich zu lieben, muss man ihn kennen, ihn verstehen, respektieren und um sein Wohlergehen bemüht sein. Es ist nicht möglich, vom Äußeren auf den ganzen Menschen zu schließen. Wirkliche Liebe ist niemals nur körperlich. Die starke körperliche Anziehung *auf den ersten Blick* ist lediglich Verliebtheit, aus der sich im Laufe der Zeit Liebe entwickeln kann.

☯

Wenn du darauf aus bist, deine Traumfrau zu treffen, musst du natürlich erst einmal eine genaue Vorstellung davon haben, wie deine Traumfrau aussehen soll. Mache dir daher Gedanken über das Aussehen und die Eigenschaften deiner Idealfrau. Weist du nicht, welche Eigenschaften sie aufweisen soll, kannst du bei der Wahl deiner Partnerin leicht von sexueller Anziehung, Wollust oder Angst vor dem Alleinsein beeinflusst werden und so bei der Falschen landen. In einer solchen Beziehung wirst du auf lange Sicht kaum glücklich werden. Wenn die Anziehung vergangen ist, stellst du fest, dass deine Partnerin nur sehr wenige oder gar keine der für dich wichtigen Eigenschaften besitzt. Früher oder später wird eure Beziehung in die Brüche gehen. Das Unglück ist also vorprogrammiert. Es ist ähnlich, wie beim Einkaufen: Wenn du dir vorher Gedanken gemacht hast, was du haben willst, weist du auch genau, in welches Geschäft du gehen musst und welches Regal anzusteuern ist. Werbung und Sonderangebote lenken dich dann nur wenig ab. Man sagt zwar, wer suchet, der findet. Und sicherlich wirst du über kurz oder lang etwas finden. Aber je klarer du deine Wünsche vor Augen hast, desto genauer weist du, worauf du bei deinen Begegnungen mit dem weiblichen Geschlecht achten musst und wo du dies aufspüren kannst. Durch diese klare gedankliche (oder auch schriftliche) Formulierung deiner gewünschten Partnerbeschaffenheit ergeben sich automatisch positive Veränderungen. Eine in Frage kommende Partnerin wird dir ab sofort verstärkt auffallen.

Flirten erfordert Selbstbewusstsein. Um selbstbewusst zu sein, musst du aber weder besonders gut aussehen, noch außerordentlich intelligent sein. Es bedeutet vielmehr, dass du dich so wie du bist magst und dies auch ausstrahlst. Denke nicht fortwährend an deine Schwächen, sondern betone deine Pluspunkte. Bedenke: In der Liebe gilt, wie übrigens allgemein im Leben: Wer sich selbst nicht liebt, wird auch nur selten von anderen geliebt; oder anders gesagt: Liebe das Leben, dann liebt das Leben dich. Also lerne, dich trotz deiner Schwächen (oder gerade deshalb) selbst zu mögen. Versuche, einen »Schönheitsfehler« nicht als Makel an deinem Körper zu betrachten, sondern als dein persönliches Markenzeichen zu sehen.

Eine einfache und bewährte Methode, selbstbewusster zu werden, ist, *es einfach vorzutäuschen.* Schon nachdem man nur ein paar Monate seine Selbstsicherheit »gespielt« hat, beginnt man, sich selbstsicherer zu fühlen. Im NLP (Neuro-Linguistisches Programmieren) gibt es ein Prinzip, das lautet: Du wirst, was du denkst. Besagt: Man muss nur seine entmutigenden oder negativen Gedanken durch positive ersetzen und an das glauben, was man sein oder erreichen will, so als wäre es schon erreicht. Dann werden die Gedanken zu Handlungsweisen und Ideen führen, mit denen man die Gedanken in Taten und Ergebnisse umsetzen kann. Ein weiteres wichtiges Prinzip aus der Praxis des NLP lautet: Tue, was du fürchtest, immer und immer wieder und die Furcht wird dich verlassen. In der Psychologie nennt man das übrigens systematische Desensibilisierung. Fällt es dir also zum Beispiel schwer, eine Frau, die dir gefällt, anzusprechen, dann sage dir in Gedanken, dass es einfach ist, sie anzusprechen. Wichtig dabei ist, dass du Negativformulierungen vermeidest. Falsch ist beispielsweise: »Ich habe keine Angst, sie anzusprechen«. Richtig ist: »Ich habe den Mut, sie anzusprechen«. Trainiere das Ansprechen von Menschen ab sofort täglich, indem du dich nach der Uhrzeit erkundigst, nach dem Weg fragst, nach einem Geschäft, usw. Eine gute Übung ist auch, wenn du jemanden siehst, zu überlegen, wie du ihn individuell ansprechen *könntest*, um mit ihm ins Gespräch zu kommen. Das wirkt wie die Trockenübungen beim Schwimmenlernen.

Bleibe aber bei allem Selbstbewusstsein immer auch etwas verletzlich. Rede über deine Gefühle und gestehe, wenn es angebracht ist, ruhig deine Unkenntnis ein. Du erscheinst dadurch warmherziger und liebenswerter und rufst bei deiner Partnerin mütterliche Gefühle hervor, die auf sie sogar erotisierend wirken können. Frauen stehen auf »sanfte Männlichkeit«, sie fühlen sich zu Sensibilität und Verletzlichkeit bei Männern hingezogen, sofern man(n) keine »Memme« ist.

Vorzüge sind verloren,
wenn sie verborgen bleiben;
anzünden muss man Aloë
und Moschus zerreiben.

Saadî

Möchtest du einen Flirt beginnen, dann solltest du vor allem auf einen fröhlichen, einladenden Gesichtsausdruck achten, um deiner Umgebung und deinem »Zielobjekt« zu zeigen, dass du ein freundlicher und aufgeschlossener Mensch bist. Denke an den altbekannten Spruch: Gute Laune steckt an.

Wenn du eine neue Bekanntschaft machen willst, solltest du ausgehen! Du möchtest natürlich auch attraktiv aussehen. Mit fettigen, ungepflegten Haaren und in deinen Arbeits-Jeans wirst du kaum einen vorteilhaften Eindruck auf Frauen ausüben.

Wie schon aus dem Tierreich bekannt ist, spielt die Optik eine entscheidende Rolle bei der Partnerwahl, da der Körper nebst Kleidung zuerst und schon aus größerer Entfernung wahrgenommen wird. Auch, wenn Frauen oft etwas gegenteiliges behaupten, so haben Untersuchungen doch ergeben, dass sie sich zu den männlichen Schönheitsidealen aus der Werbung hingezogen fühlen. Du brauchst nun allerdings nicht in Tränen auszubrechen oder in Depressionen zu verfallen, denn es ist nun auch nicht so, dass man nur auszusehen braucht wie Arnold Schwarzenegger und schon fliegen die Frauen einem zu. Das ist nur ein Irrtum – und sogar ein ganz großer. Mit superdicken »Muskelpaketen« beeindruckst du vor allem die Männerwelt, weniger die Frauen.

Das Outfit spielt bei der Partnerwahl ein wichtiges Entscheidungskriterium. Frauen, die sich schick und elegant kleiden, werden diese Ansprüche auch als Messlatte an die Männerwelt anlegen. Im Schmuddel-Look wirst du bei diesen höchstwahrscheinlich nicht landen. Allgemein gilt, dass gut gekleidete Männer auf Frauen eine weitaus größere Anziehungskraft ausüben als »Schlamper«. Finde aber deinen persönlichen Kleidungsstil und äffe nicht irgendeinem Leinwand- oder Pop-Idol nach oder einem Rivalen. Du wirkst dann verkleidet. Laufe auch nicht ständig völlig overdressed durch die Landschaft. Bei den anderen Menschen hegt sich dann nur der Verdacht, dass du es wahrscheinlich nötig hast oder ein »Möchtegern« bist. Verleihe deiner Individualität mit Accessoires und Styling einen charakteristischen Ausdruck.

Achte auch auf saubere und sorgfältig geschnittene Finger- und Zehennägel. Nimm dir dabei aber folgendes Sprichwort zu Herzen: Wenn du denkst, du bist allein, mach dir deine Nägel rein.

Da jeder Mensch mehr oder weniger stark schwitzt und dieser Schweiß im Laufe des Tages (oder der Nacht) anfängt zu riechen (genauer gesagt, die Zersetzungsprodukte), empfiehlt sich die Benutzung eines nicht zu intensiv duftenden Deodorants. Möchtest du ein Parfüm verwenden, dann benutze ein duftneutrales Deodorant, damit du nicht nach zwei unterschiedlichen Düften riechst. Dies ist meist auch weniger aggressiv zur Haut und beugt dadurch Hautausschlägen vor.

Von Zeit zu Zeit bekommen wir Pickel auf der Haut, das ist nicht zu vermeiden. Drücke oder kratze an diesen aber nicht in aller Öffentlichkeit oder im Beisein deiner Partnerin. Von wenig Anstand zeugt auch, wenn man im Beisein eines anderen in der Nase oder in den Ohren bohrt oder in den Zahnzwischenräumen nach Essenresten stochert.

> Männer wollen stets
> die erste Liebe einer Frau sein;
> Frauen haben einen subtileren Instinkt:
> Sie wollen die letzte Romanze
> eines Mannes sein.
>
> *Oscar Wilde*

Eine gute Möglichkeit, ein weibliches Wesen kennen zu lernen, besteht in Kaufhäusern und Geschäften. Halte also die Augen offen und wenn du etwas nach deinem Geschmack erblickst, bitte sie einfach um Hilfe. Du könntest ja zum Beispiel ein Geschenk für deine Schwester oder Cousine aussuchen wollen und dabei die Hilfe dieser attraktiven Frau in Anspruch nehmen. Der Trick dabei ist, die Konversation auszudehnen und – vielleicht festzustellen, dass man viele Gemeinsamkeiten hat.

☯

Eine Möglichkeit, einer Person näher zu kommen, besteht darin, ihr Verhalten zu spiegeln. Man ahmt dabei ihr Verhalten nach (die Art, wie sie steht oder sitzt, wie sie ihr Glas hält, den Ton ihrer Stimme).

Wenn eine Kontaktaufnahme mit Blicken nicht möglich sein sollte, weil das »Objekt deiner Begierde« nicht in deine Richtung sieht, kannst du zum Beispiel an ihr vorbeigehen und sie dabei leicht streifen. Dann bleibst du einfach stehen und entschuldigst dich mit einem tiefen Blick in ihre Augen und mit einem unwiderstehlichen Lächeln.

Anhimmelnde Sprüche, wie zum Beispiel »Hallo schöne Frau!« oder »Hallo, du hast aber eine sexy Figur«, solltest du lieber nicht loslassen, da du dadurch bei den Frauen sofort als Schleimer oder Lustmolch abgetan wirst. Angebracht sind eher Komplimente über ihre Haare, Frisur, Kleidung oder ihren Schmuck, da diese etwas über ihren guten Geschmack, ihre Kreativität und ihre Körperpflege aussagen.

Bei der »Anmache« solltest du vor allem darauf achten, den anderen für dich zu interessieren. Spiele dabei dich selbst, kleine Tricks sind erlaubt. Versuche aber nicht, dich zu rechtfertigen oder gar dafür zu entschuldigen, dass du so bist, wie du bist.

Wichtig: Je unverbindlicher man eine Kontaktaufnahme beginnt, desto größer ist die Chance, dass etwas Verbindliches daraus wird. Das liegt ganz einfach daran, dass Frauen im Gegensatz zu Männern meist einen Partner fürs Leben, denn eine Gelegenheit zum Bumsen suchen.

☯

Lege dir eine Sammlung mit guten Witzen, amüsanten Geschichten und berühmten Zitaten an und lerne diese auswendig. Spaß zu verbreiten und von den Problemen des Alltags abzulenken, ist stets verführerisch. Auch auf Partys ist ein guter Geschichtenerzähler immer dicht umlagert und jeder erinnert sich gern an ihn. Genauso ist energiegeladenes Auftreten viel verlockender als Trägheit und Teilnahmslosigkeit.

Nimm auch eine Kassette oder CD mit romantischer Musik auf. So hast du zu Hause oder im Auto immer auch die passende Musik bereit, um das Beisammensein mit deiner Liebsten romantisch zu untermalen. Notiere dir auch romantische Aussprüche, wenn du welche liest oder hörst. Du kannst diese später für deine eigenen romantischen Botschaften brauchen.

Als zweckdienlich hat es sich erwiesen, ein Budget für das Kennenlernen einer »neuen Flamme« einzuplanen. Du hast schließlich Ausgaben für Kleidung, Ausgehen und Unterhaltung. Plane also schon am Monatsanfang, wie viel Geld du für diese Dinge ausgeben willst und denke auch an etwas »auf der hohen Kante« für eine ungeplante Bekanntschaft am Monatsende.

Sparsamkeit ist zwar eine positive Charaktereigenschaft, mangelnde Großzügigkeit zählt allerdings zu den anti-verführerischen Qualitäten. Jeder sollte daher dringend darauf achten, dass seine Sparsamkeit nicht in Geiz ausartet. Genauso schädlich in Sachen Verführung wirkt sich allerdings auch aus, wenn man allzu spendabel ist. Die andere Person hat dann schnell das Gefühl, dass versucht wird, sie zu kaufen.

> Von allen Arten der Vorsicht,
> ist die Vorsicht in der Liebe
> wohl am verhängnisvollsten
> für das wahre Glück.
>
> *Bertrand Russell*

Riskiere etwas, wenn du dir sicher bist, die Frau deiner Träume entdeckt zu haben. Machst du diesen ersten Schritt nicht, ist deine Chance in den meisten Fällen ein für allemal vorbei. Und bedenke: Deine Chancen stehen immerhin fünfzig zu fünfzig!

Wurde zum Beispiel dein Blickkontakt erwidert und zurückgelächelt, dann solltest du unverzüglich auf sie zugehen und sie ansprechen und nicht erst noch ewig nach dem richtigen Spruch grübeln oder erst dreimal »rein zufällig« an ihr vorbei gehen. Zögerst du hier zu lange, erweckst du bei der Schönen den Eindruck, dir deiner Auswahl oder deiner selbst nicht sicher zu sein. Beides wird dazu führen, dass auch sie lieber einen Rückzieher macht.

Wenn du auf eine Frau zugehst und sie ansprichst, solltest du zwar höflich sein, kehre aber nicht solche trotteligen Sprüche hervor, wie: »Entschuldigen sie, ich bin einfach mal so frei, sie anzusprechen«. Sage lieber etwas Spontanes, Lockeres, was zur Situation passt. Wenn sie auch an dir Interesse hat, wird sie deine Worte nicht auf die Goldwaage legen, sondern froh sein, dass du ein Gespräch angefangen hast.

☯

Möchtest du ernsthaft eine Partnerin finden, dann sollte dir die Ausrede »Ich habe keine Zeit« nicht mehr in den Sinn kommen!

Unterhalte dich auch mit Frauen, die du weniger attraktiv findest. Mach in Gesellschaft jeden Spaß begeistert mit, sonst wirst du bald für unnahbar und arrogant gehalten.

☯

Die beste Methode, die volle Aufmerksamkeit seiner Zuhörer zu gewinnen, besteht darin, ihnen zu schmeicheln. Diese Erfahrung kannst natürlich auch auf deine Liebste anwenden: Mach ihr jeden Tag ein Kompliment.

Mach einer Frau vor allem Komplimente über den Wohlgeruch ihres Körpers. Dies hat weniger etwas mit einem Lob auf die Wahl ihres Parfüms zu tun, sondern erzeugt bei ihr ein Gefühl des Angenommenseins und der eigenen Stärke.

Wenn du einer Frau großes Vergnügen bereiten willst, dann lass es nicht bei einem Kompliment bewenden. Folgendes solltest du jedoch als Faustregel beachten: Einer nicht so attraktiven Frau sollte man sagen, sie sei klug. Wenn sie klug ist, dann sollte man ihr am besten sagen, sie sei schön und klug. Sage ihr aber genau, was an ihr schön ist (allerdings nicht gleich am Anfang, dass sie einen sexy Hintern oder schöne Brüste hat).

Bei Komplimenten gilt allerdings die harte Regel: Was du einmal falsch angepackt hast, lässt sich nicht so ohne weiteres wieder gerade biegen. Es gilt daher Folgendes zu beachten:

Bleibe beim Komplimenteschmieden bei deiner eigenen Ausdrucksweise und versuche nicht, unnatürlich poetisch oder »geschwollen« zu reden.

Es wird in diesem Buch immer wieder daraufhin hingewiesen, dass Humor beim Kennenlernen und in der Partnerschaft eine wichtige Rolle spielt. Vorsichtig solltest du diesen allerdings am Anfang einer neuen Beziehung für Komplimente verwenden, wenn du noch nicht genau weist, ob diesen deine »Neue« auch so auffasst, wie du ihn gemeint hattest. Dein vermeintliches Kompliment kann sonst schnell als Gegenteil aufgefasst werden.

Schenke deiner Partnerin zuerst *viele* »ganz normale« Komplimente, bevor du welche machst, mit denen du ein bestimmtes Ziel verfolgst (zum Beispiel mit Sex »im Hinterkopf«). Sage ihr ganz spontan, was dir gerade besonders gut an ihr oder mit ihr gefällt. Wenn du mit dem Komplimentemachen noch wenig Übung hast, versuche es anfangs mit einfachen Ausrufen des Staunens wie »Wow!« (das Wort beim Aussprechen lang ziehen) oder »Mmh!«.

☯

Auch, wenn du glaubst, deine Traumpartnerin gefunden zu haben, so kannst du nicht erwarten, in allen Dingen mit ihr übereinzustimmen. Du musst auch ihre Ansichten und Werte respektieren.

Liebe und unsere Sinne

Ganz von allein kommt unser Blut nicht ins Brodeln, bekommen wir auch keine Lust auf Sex. Unsere Hormone brauchen für alles erst einen Auslöser, den sie über unsere fünf Sinne erhalten. Die erste und auch alles entscheidende Erregung bekommen sie dabei über die Augen. In wenigen Sekunden erfassen diese die Reize, wie etwa eine tolle Figur, ein schönes Gesicht, sexy Kleidung, ein charmantes Lächeln oder einen vollen Busen und leiten sie sofort ans Gehirn weiter. An zweiter Stelle sind die Geruchsorgane zu nennen, die die verschiedensten Gerüche wahrnehmen, die die Menschen mit ihren Schweiß-, Talg- und Duftdrüsen produzieren oder durch ihr Parfüm verbreiten. Die Dufteindrücke werden ebenfalls an das Gehirn weitergeleitet. Erfolgt dort eine positive Bewertung, werden weitere Aktivitäten in Gang gesetzt, sodass es bereits zur Ausschüttung von Botenstoffen kommt. Unser größtes Sinnesorgan, die Haut, entscheidet schließlich mit darüber, ob wir eine Berührung als liebevoll und angenehm empfinden oder als grob und abstoßend. Einige Bereiche auf der Haut reagieren dabei besonders empfindsam, nämlich die erogenen Zonen.

Liebe und Verliebtsein

> Es ist besser, geliebt und verloren zu haben, als niemals geliebt zu haben.
>
> *Alfred, Lord Tennyson*

Am Ende deines Lebens wird das Einzige, was je Bedeutung hatte, die Liebe sein, die du schenktest oder geschenkt bekamst. Tief in unserem Innersten sehnen wir uns nach Liebe, stärker als nach allem anderen. Sehr oft verfolgen wir Ziele, wie Reichtum anzuhäufen und Karriere zu machen. Deine schönsten und deine schmerzlichsten Erinnerungen werden aber alle mit Liebe zu tun haben. Deine schönsten Erinnerungen werden die an die Liebe sein, die du gegeben oder empfangen hast, am schmerzlichsten wirst du dich daran erinnern, dass du nicht genug geliebt wurdest oder jemanden geliebt hast. Die meisten Menschen glauben allerdings, dass es in ihrem Leben nur Liebe geben kann, wenn sie sie in jemand anderem finden. Das ist aber ein Irrtum. Jeder kann liebevolle Beziehungen aufbauen.

Die goldene Regel für die Liebe lautet:
Wenn du geliebt werden möchtest,
musst du lieben.

Liebevolle Beziehungen stellen sich erst ein, wenn du selbst ein liebevoller Mensch geworden bist. Des Weiteren ist wichtig, sich auch für die Liebe zu entscheiden. Gelegenheiten für die Liebe bieten sich Tag für Tag, aber nur allzu oft lassen wir diese aus Angst verstreichen. Aus Angst vor Zurückweisung, aus Angst, uns lächerlich zu machen, aus Angst vor Verlusten. Wenn man

Liebe will, muss man versuchen, seine Ängste zu überwinden. Menschen, die in der Vergangenheit Zurückweisung, Spott oder Schmerz erfahren haben, werden natürlich versuchen, eine derartige Erfahrung nicht noch einmal zu machen. Die Angst vor Schmerz ist immer größer als das Verlangen nach Liebe. Dieses Wesen des Menschen zieht aber nach sich, dass viele Menschen in einer grauen, lieblosen Welt leben, zwar ohne den Schmerz des Verlustes, aber auch ohne die Freuden der Liebe.

Eine Beziehung wird nur gut funktionieren, wenn sie für beide Partner absolut verbindlich ist – wichtiger als Geld und Karriere, wichtiger als Autos und teure Reisen. Diese Verbindlichkeit macht auch den großen Unterschied aus zwischen jemanden *mögen* und jemanden *lieben*. Oder anders gesagt: Fühlst du dich einem Menschen nicht verpflichtet, liebst du ihn auch nicht.

Liebe weckt Liebe.

Sprichwort

Kaum einer will als erster geben. Wir wollen erst geben, wenn wir etwas bekommen haben. Die ganze Zeit warten wir so auf jemanden, der den ersten Schritt macht. Man wartet auf jemanden, der zuerst liebt.

Eine sehr gute Möglichkeit das Geben zu trainieren, besteht darin, kleine Freundlichkeiten zu verteilen, die man völlig absichtslos macht, einzig und allein aus Freude am Geben (z. B. jemandem wegen seines Aussehens oder seiner Arbeit ein Kompliment machen). Hast du dir schon einmal Gedanken darüber gemacht, warum wir kleine Kinder und Katzen so mögen? – Weil sie uns völlig absichtslos, ohne Hintergedanken ihre Liebe entgegenbringen.

In jeder Beziehung, egal ob in der Liebe oder im Geschäftsleben, geht es um Geben und Nehmen. Du wirst Probleme bekommen, wenn du mehr bekommen möchtest, als du zu geben bereit bist. Frage dich vor dem Eingehen einer Beziehung daher nicht, was dein Partner für dich tun kann, sondern was du für deinen

Partner tun kannst. Nur so wird es eine liebevolle Beziehung werden.

Wenn du dir noch nicht sicher bist, ob du die Richtige gefunden hast, frage dich: Ist sie auch meine beste Freundin? Vertraue ich ihr uneingeschränkt? Nur, wenn deine Antwort auf beide Fragen ja lautet, solltest du eine lebenslange Beziehung eingehen. Ebenso wichtig ist es natürlich, dass du dich gegenüber deiner Partnerin vertrauenswürdig verhältst, damit sie keinen Grund zur Unsicherheit hat.

Partnerschaft und Ehe

> Die Ehe soll unablässig ein Ungeheuer
> bekämpfen, das alles verschlingen will,
> was an ihr erhaben ist: Die Gewohnheit.
>
> *Honoré de Balzac*

Ab und zu ein »Schuss« Romantik tut jeder Beziehung gut. Überrasche deine Partnerin einfach mit einem spontanen Geschenk. Dies muss nichts Großes und Teures sein. Es genügt zum Beispiel eine spezielle Blume, eine lustige Karte oder auch ein Anruf mit einem »Hallo, wie geht es dir?«. Geschenke erwecken in ihr das Gefühl, geschätzt zu werden, und reizen ihre Sinne. Obendrein kann ein Geschenk an dich erinnern, wenn du weg bist. Aber natürlich bringt auch hier das Neue immer wieder frische Kraft. Übrigens, bei Dessous-Geschenken bitte beachten: Dessous, in denen ein Fotomodell im Katalog sexy aussieht, muss deine Partnerin deshalb noch lange nicht reizvoll finden, vor allem, wenn ihre Figur erheblich von der des Fotomodells abweicht.

Frauen achten eher darauf, wie sich Dessous anfühlen, sprich, ob sie angenehm auf der Haut zu tragen sind. Also lieber auf die »Begrüßungsgeschenke« vom Erotik-Versand verzichten. Außerdem solltest du die Konfektionsgröße deiner Partnerin genau kennen, wenn du Dessous kaufen willst, die nur eng anliegend wirken. Im Zweifelsfall gehe lieber mit ihr gemeinsam einkaufen und du machst nur den »Zahlemann«.

Stelle deiner Herzensdame doch einmal einen Scheck über eine 60-minütige »Wohlfühl-Massage« aus. Du nimmst einfach einen normalen Bank-Scheck und setzt anstelle des Betrages »60 Minuten« ein und Anstelle der Währung ein Herz und das Wort

»Massage«. Diese »Wohlfühl-Massage« beginnst du völlig harmlos und gleitest dann in eine Erotik-Massage über.

Sicherlich hast du schon erlebt, wie eine bestimmte Umgebung die Lust anheizen kann. Da die meisten Paare ihre intimsten Stunden im Schlafzimmer verbringen, sollte es so eingerichtet sein, dass es sie optimal in Stimmung bringt. Oft wird vergessen, wie wichtig dieser Raum für eine gut funktionierende Partnerschaft ist. Achtet daher darauf, dass der Schlafraum im ruhigsten Teil eurer Wohnung liegt und das Bett mit dem Kopfende an einer geschlossenen Wand steht (also ohne Fenster und Türen) und von beiden Seiten gut zugänglich ist. Entfernt alles, was Unruhe und Aktivität symbolisiert oder bedrückend wirkt (wie zum Beispiel ein Computer, Bücherregale, Aktenordner, ein Schreibtisch, ein Fernseher, ungebügelte Wäsche, Unterlagen für die Steuererklärung, Studienunterlagen, usw.). Auch eine besonders massig wirkende Deckenleuchte über dem Bett kann zu Albträumen führen.

Achte darauf, immer ein paar Papiertaschentücher diskret in einer Schublade aufzubewahren. Bringe sie deiner Partnerin nach dem Liebesspiel unaufgefordert und wische Spermaflecken nie mit einem alten T-Shirt oder deinen Socken ab. Für deine Partnerin ist das ein Zeichen, wie viel Achtung und Respekt du ihr entgegenbringst.

☯

Frauen reagieren stark auf ihre Umgebung. Schaffe deiner Partnerin eine Oase, wo sie sich entspannen kann – egal, ob im Schlafzimmer, im Wohnzimmer oder im Badezimmer. Setze auch sinnliche Beleuchtung und Düfte ein.

Bereite deiner Partnerin ein Bad, zünde Kerzen und Duftstäbchen an, helfe ihr beim Ausziehen und setze dich daneben, wenn sie badet. Seife sie ein, massiere ihr den Rücken und trockne sie zärtlich ab. Eventuell kannst du sie auch mit Feuchtigkeitslotion einreiben.

Frauen sehnen sich nach Berührungen, haben es aber weniger

gern, wenn man sie zu schnell zu intim berührt. Am klügsten ist es, langsam, kosend vorzugehen und so erst ihre Erregung zu steigern, ehe man zum Anfassen übergeht.

Streichle deine Partnerin regelmäßig am ganzen Körper. Ob du deine Sache gut gemacht hast, merkst du, wenn sie fast eingeschlafen ist oder ärgerlich wird, wenn du aufhörst.

Vergesse auch nicht die Möglichkeit einer Verführung, die in einer zufälligen Berührung liegt, besonders wenn die Brüste der Frau den Arm oder Brustkasten des Mannes streifen. Eine sehr zärtliche Berührung ist Folgende: Drücke deine Stirn an die deiner Geliebten, sieh ihr dabei in die Augen und presse deine Brüste und Oberschenkel an ihre.

Serviere deiner Partnerin auch ab und zu ein romantisches Frühstück ans Bett. Das lässt sie den Tag mit einem Lächeln beginnen und du bist einen Tag lang ihr Traumprinz. Verzichte allerdings auf pieksende Zutaten.

Gebe deiner Herzensdame das Gefühl, etwas Besonderes zu sein.

Gebe deiner Herzensdame das Gefühl, etwas Besonderes zu sein. Schenke ihr zum Beispiel einen Strauß Blumen oder auch nur eine einzelne Rose ohne besonderen Anlass. Dies kann Wunder bewirken!

Frauen müssen sich geborgen fühlen, um Lust verspüren zu können. Unterstütze deine Partnerin daher in allen Fragen des Lebens. Die meisten Frauen können sich zum Beispiel nicht richtig entspannen, wenn sie wissen, dass der Abwasch noch zu erledigen ist, der Teppich gesaugt oder der Mülleimer geleert werden muss. Probiere dies selbst aus und du wirst bestimmt bald merken, dass sich das Gefühl der Erleichterung und Dankbarkeit manchmal in »Geilheit« verwandeln kann.

In unserem Alltag haben wir meist so viele dringende Verpflichtungen, dass für Romantik keine Zeit bleibt. Romantik hält aber eine Liebesbeziehung am Leben. Reserviere daher in deinem Terminkalender für den Punkt Romantik genauso etwas Zeit wie für andere wichtige Treffen und Anrufe. Nimm dir vor, deine Partnerin einmal pro Woche nett zu überraschen. Mach einfach Notizen, wie: »Heute für meine Liebste eine Rose kaufen« – »Heute eine Flasche Champagner besorgen« – »Heute Abend unsere Liebe feiern«. Euer Leben wird so zu einem spannenden Liebesabenteuer werden.

Zeige deiner Partnerin, wie sehr du sie schätzt, indem du dich für jedes liebevolle Verhalten, aber ab und zu auch für die ganz normalen Dinge bedankst. Es genügt schon ein: »Danke, dass du mir ein Bier kühl gestellt hast« – »Danke, für das Bügeln meiner Hemden«. Du knüpfst so ein dauerhaftes Liebesband zwischen dir und deiner Partnerin.

☯

Es versteht sich natürlich von selbst, dass die in diesem Buch genannten Tipps und Tricks nicht jeden Tag Anwendung finden sollen. Niemand möchte jedes Mal eine Mahlzeit als Fünf-Gänge-Menü einnehmen. Für ein ausgedehntes Liebesspiel sollte schon entsprechend Zeit zur Verfügung stehen und ausgeruht solltet ihr ebenfalls sein. Es eignen sich daher speziell die Wochenenden, der Urlaub oder stressfreie Tage. Wenn ihr also wisst, dass eine derartige Gelegenheit bevorsteht oder sich eine ergeben könnte, dann plant sie gemeinsam. Versucht aber nicht, alles einzuhalten, was ihr euch vorgenommen habt. Das kann den Zauber zerstören, da dann wieder ein gewisser Zwang dahinter steht.

☯

Die meisten Frauen sind sehr verunsichert, was ihr Äußeres betrifft. Überlege dir daher besondere Wege, deiner Göttin zu zeigen, dass du sie äußerst attraktiv findest. Du kannst zum Beispiel Fotos von ihr machen oder sie ab und zu in belebten Einkaufspassagen stolz ausführen.

Wenn sie sich geschmackvoll kleidet, wenn sie etwas Neues trägt oder dir auffällt, dass sie Mühe für ihr Äußeres aufgewendet hat, mach ihr jedes Mal ein Kompliment. Frauen sind enttäuscht, wenn ein Mann so etwas nicht bemerkt. Solltest du Single sein, dann sind derartige Komplimente übrigens eine gute Möglichkeit mit einer Frau ins Gespräch zu kommen.

Versichere deiner Liebsten, dass sie die sexyste Frau ist, der du seit Jahren begegnet bist. Besonders gut kommt dies an, wenn du ihr dabei von unten in die Augen siehst.

Ein guter Liebhaber zeichnet sich nicht nur durch sexuelle Praktiken aus, sondern auch und vor allem durch Einfühlungsvermögen, Mitgefühl, Verständnis und er kann auch eigene Schwächen zugeben. Eine gute Portion Humor und die Fähigkeit, auch manchmal über sich selbst lachen zu können, sind ebenso nützliche Qualitäten für eine dauerhafte Beziehung.

Zu den Dingen, die eine Liebesbeziehung fördern und ihr Schönheit verleihen, gehört vor allem, sich Zeit zu nehmen. Zeit, etwas gemeinsam zu tun, nachzudenken, zu träumen, Zeit, sich zu erinnern. Das wird in einer Ehe oft allzu leicht vernachlässigt.

Scheue dich nicht davor, deiner Partnerin Bewunderung zu zeigen. Ein weiser Franzose sagte einmal: »Wir lieben immer diejenigen, die uns bewundern«.

Rasiere dich auch am Wochenende, wenn du zu Hause bist und laufe auch dann nicht im »Schlabber-Look« herum. Bei deiner Prinzessin könnte sonst leicht der Gedanke aufkommen: Für die reicht es auch so.

Egal, wie makellos dein Verhalten in der Partnerschaft sein sollte, irgendwann kommt der Tag, an dem du deine Liebste verärgerst und der Streit ist vorprogrammiert. Und derartige Kämpfe trägt »das schwache Geschlecht« in aller Regel nicht mit roher Gewalt aus. Was uns allerdings viel lieber wäre, denn dann wären wir fast immer die Sieger. Bei diesen Kämpfen handelt es sich vielmehr um psychologische Kämpfe. Aber wenn man die Taktiken der Frauen kennt, ist es möglich, rechtzeitig Verteidigungsstrategien anzuwenden. Die Taktiken der Frauen sind meist folgende: Frauen wissen genau, dass kein Mann einer weinenden Frau widerstehen kann. Ergo lassen sie in einem sich zuspitzenden Streit zur rechten Zeit immer ein paar Tränen kullern. Wir Männer vergessen dann allen Streit und bemühen uns, sie zu trösten. Du kannst hier vorbauen, wenn du gleich zu Beginn der Auseinandersetzung ein paar laute Worte sagst. Sie wird dann versuchen, dich zu beruhigen und der Streit ist vorbei. Am besten ist es allerdings, wenn möglichst rasch gemeinsam überlegt und kommuniziert wird, ob nicht beide etwas Unrecht haben (was nämlich meist der Fall ist!) und nicht nur einer als der Schuldige dargestellt wird. Niemand ist gern der Verlierer. Es ist immer besser, wenn aus einer kleinen Meinungsverschiedenheit beide als Gewinner hervorgehen.

☯

Wenn du in einer festen Beziehung lebst und es ist trotz aller Selbstbeherrschung doch einmal vorgekommen ist, dass du bei einem Girl schwach geworden bist (weil du ein klein wenig zu viel vom »Feuerwasser« genascht hattest, die Stimmung so ausgelassen war und das Girl im knappen Leder-Mini und dem hautengen T-Shirt dir zugezwinkert hat) dann begehe auf gar keinen Fall den Fehler und erzähle deiner Mausi reuevoll davon, in dem Glauben, sie wird dir verzeihen. Auch wenn sie das sagt, es stimmt nicht. Einzige Ausnahme: Du warst auch noch so blöd und hast den One-Night-Stand ohne »Überzieher« gemacht und in der Zwischenzeit festgestellt, dass das für deine Gesundheit nicht ohne Folgen geblieben ist. Dann solltest du ihr so schnell wie möglich alles beichten und ihr auch gleich sagen, wie teuer du dafür »bezahlt« hast.

☯

Viele Männer beschweren sich, dass ihre Partnerin nur einmal alle zwei Wochen Sex haben wolle und auch keinen besonders großen Spaß daran habe. Wenn man sie dann allerdings fragt, an welcher Art Sex ihre Frau Gefallen hat, dann kommt es nur zu einem Schulterzucken. Sie malen sich also nur aus, was *ihnen selbst* so alles gefallen könnte. Fakt ist jedoch: Wenn man mit einer Frau ein erfülltes Liebesleben führen will, muss man auch die Wünsche *seiner Frau* beachten. Eine Frau sagte mir einmal: Wenn ich zehn Jahre lang nur die »Bumserei« nach den Wünschen meines Mannes haben sollte, dann wäre ich auch nur noch so »scharf« wie ein Stück Würfelzucker. Aber genau das widerfährt vielen Frauen. Diese Frauen lenken ihre erotischen Gefühle dann in die Erziehung ihrer Kinder, den Beruf, ihre Hobbys, zwanghaftes Einkaufen oder übermäßiges Essen.

> Die meisten Differenzen in der Ehe beginnen damit,
> dass eine Frau zu viel redet und ein Mann zu wenig zuhört.
>
> *Curt Goetz*

Höre deiner Partnerin auf jeden Fall aufmerksam zu, wenn sie über ihren beruflichen Alltag spricht, was sie für Probleme hatte oder hat, welche Erfolge sie verzeichnen kann, ob es um Tratsch geht oder sich um die Kinder dreht. Du brauchst dabei nicht groß zu antworten oder Kommentare abzugeben. Es genügt, dass du einfach nur zuhörst. Für eine Frau stellt das Sprechen allein schon eine Erleichterung dar, ja es ist sogar eine Art Vorspiel, sie muss sich einfach verstanden fühlen. Das Bedürfnis nach Mitgefühl und einem Menschen, der ihnen zuhört, mit dem man reden kann, zählt zu den wichtigsten Ursachen der Untreue einer Frau. Oder anders gesagt, wenn du deiner Mausi nicht zuhörst, wird sich wahrscheinlich bald ein anderer finden, der es tut. Am Anfang einer Beziehung braucht eine Frau derartige Gespräche noch nicht so sehr, da sie erst noch herausbekommen muss, ob ihr Partner ihre innersten Gedanken und Gefühle versteht. Da sich im Laufe der Zeit aber fast immer herausstellt, dass Männer Frauen nicht verstehen, wird sich bei ihr ein Bedürfnis entwickeln, dass ihr Partner ihr zuhört. Beachte allerdings, dass Zuhören nicht ein flüchtiges »hm« bedeutet. Urteile auch nicht überschnell und versuche auch nicht, ihre »Probleme« lösen zu wollen, es sei denn, sie bittet dich darum. Das alles ist zwar leichter gesagt als getan, aber mit etwas Übung funktioniert auch das mit der Zeit. Es lohnt sich auf jeden Fall, denn wenn sie dir ihre Gefühle nicht mitteilen darf, wird sie bald auch nicht mehr ihren Körper mit dir teilen.

☯

Bekannt ist unter Sexualtherapeuten, dass beim Vorhandensein eines geistig und menschlich außerordentlich hoch stehenden männlichen Partners das »Lustzentrum« der Frau absolut »tot« sein kann. Ein Grund, warum es beim Sex mit dem sprichwörtlichen Tennislehrer oder dem Fitnesstrainer sehr gut funktionieren kann, aber im Bett mit dem Vorstandsvorsitzenden läuft nichts.

☯

Läuft es in einer Beziehung nicht mehr so richtig, dann beende diese lieber heute als morgen. Du vergeudest so nicht die besten Jahre deines Lebens damit, eine verlorene Beziehung retten zu wollen.

Reden über Sex

Jeder wünscht sich guten Sex. Aber nur wenige reden auch mit Ihrem Partner oder ihrer Partnerin darüber. Dabei gilt: Der Schlüssel zu gutem Sex ist Kommunikation. Tausche dich daher schon vor dem »ersten Mal« mit deiner neuen Flamme darüber aus, was sie anmacht und was sie gar nicht mag, was dich anmacht und was du nicht so gern hast. Derartige Gespräche fördern das gegenseitige Vertrauen und stärken auch das Selbstbewusstsein. Oft ist es einfacher, derartige Gespräche außerhalb des Bettes zu führen. Manche Menschen bevorzugen sogar einen öffentlichen Raum, wie ein Restaurant oder eine Bar.

Laut einer Statistik wünschen sich mehr als fünfzig Prozent der Frauen wie auch der Männer, jeweils vom anderen verführt zu werden, aber nur ein Drittel riskiert den ersten eindeutigen Schritt. Am beliebtesten sind sanfte und angedeutete Berührungen und Beißen. Häufigere Befriedigung mit dem Mund wünschen sich Frauen wie Männer gleichermaßen.

Achte beim Äußern deiner Wünsche aber auf die richtige Wortwahl. Worte wie »ficken«, »bumsen« oder »blasen« sind für Frauen Abtörner, es sei denn, ihr befindet euch im Liebesspiel und sie ist auch schon sehr heiß. Dann können etwas herbere Worte mitunter auch sehr erregend wirken.

In einem Buch las ich einmal den Satz: Lachen ist ein mentaler Orgasmus. Also sorge am besten täglich dafür, dass sich deine Partnerin vor Lachen fast in die Höschen macht. Wenn du dich dabei ab und zu auch noch selbst etwas »auf die Schippe« nimmst, wirkst du vor allem am Anfang einer Beziehung weniger streng und leichter zugänglich. Aber auch in einer schon länger bestehenden Partnerschaft hilft Lachen, Spannungen und Frustrationen abzubauen und macht verführerisch. Lachen schenkt auch Geborgenheit und zerstreut Ängste – und Ängste hemmen sexuelle Gefühle.

Auch Sex kann lustig sein. Seine eigene Unsicherheit oder kleinen Ängste ins Witzige zu ziehen, kann zum Beispiel helfen, den Druck abzubauen und die Lust zu steigern. Humor eignet sich auch gut, wenn du etwas Neues in euer Sexleben einführen möchtest (zum Beispiel Handschellen, Latexwäsche oder eine Leder-Peitsche für deinen Po). Mit etwas Witz kannst du die Gedanken deiner Partnerin, dass du wohl nicht mehr richtig »tickst«, rasch zerstreuen.

Liebes-Massage

In unserer heutigen Zeit haben die meisten von uns zu wenig körperlichen Kontakt. Man streichelt Tiere mehr als Menschen. Aber wir alle brauchen Berührung. Körperlicher Kontakt in Form einer Massage hat sehr viele Vorteile: Spannungen werden gelöst, faltige Haut kann sich glätten, schlaffe Brüste wachsen und werden voller, schwaches Bindegewebe wird gestärkt, und auch die Seele entspannt sich bei einer Massage, Ausgeglichenheit und ein erfülltes Sexualleben werden gefördert. Eine Massage ist eine der erotischsten und angenehmsten Formen von Berührung und eine wunderbare Art, miteinander eine ruhige, entspannte Atmosphäre für das Liebesspiel zu schaffen.

Frauen lassen sich liebend gern massieren und auch Männer mögen zärtliche Frauenhände auf ihrem Körper. Es lohnt sich also für jeden, die Kunst der erotischen Massage zu erlernen. Neben dem oben Genannten lässt sich noch etwas Wichtiges zur erotischen Massage feststellen: Männer sollte man liebkosen, weil sich dadurch ihre Erregung verlangsamt, Frauen sollte man kosen, weil sich dadurch ihre Erregung steigert.

Eine Erotik-Massage ist keine Sport- oder Gesundheitsmassage, sondern ein zärtliches Ritual. Eine Erotik-Massage hilft, die Sinne ganz auf die Reaktionen des Körpers zu konzentrieren, sodass sich das sexuelle Verlangen steigert. Besonders für die Frau ist Massage wichtig, da sie dieselbe Wirkung hat, wie Küsse und Liebkosungen, die eine Frau für die verstärkte Ausschüttung der Sexualhormone und die Vorbereitung ihres Körpers auf den Geschlechtsverkehr benötigt. Eine erotische Massage sollte nie ohne duftendes Massageöl durchgeführt werden. Zum einen wird dadurch die Haut des Massierenden und des Massierten schön geschmeidig und zum anderen tut der Duft Körper und Seele gut. Als Massageöl bitte nur schleimhautverträgliches Öl, wie zum

Beispiel Jojoba-Öl oder Weizenkeimöl, verwenden (erhältlich in Apotheken und einigen Drogerien). Als Regel für die Massage gilt, dass ein stärkerer Druck die Entspannung fördert, während eine sanfte Berührung die Sinne erregt. Konzentriere dich daher bei einer Erotik-Massage vornehmlich auf die Haut, unter der die Nerven liegen, die bei einer erotischen Massage stimuliert werden sollten. Stärkerer Druck auf die Muskeln ist zwar entspannender, aber vielleicht zu entspannend für ein Vorspiel. Es ist leicht möglich, dass der Massierte dann für den Sex zu müde ist oder sogar einschläft.

Eine Massage führt man auf einem festen Untergrund durch, ein Bett ist daher eher ungeeignet. Lege am besten eine zusammengefaltete Decke auf den Fußboden und darüber noch ein großes, saugfähiges Handtuch, damit das Massageöl keine Spuren hinterlässt. Wichtig ist auch, dass nicht nur derjenige, der die Massage erhält, möglichst bequem liegt, sondern auch der massierende Partner. Der Massierende kann sonst leicht Muskelverspannungen bekommen – obendrein mindert es die Qualität der Massage. Das Zimmer sollte warm sein und das Licht gedämpft. Kerzen und Teelichte geben ein weicheres, romantischeres Licht als elektrische Beleuchtung. Duftlampen mit ätherischen Ölen sorgen für eine sinnlichexotische Stimmung.

Bereits kleine Massagen können Wunder bewirken. Da es sich sehr gut macht, zu Beginn der Massage nur wenig bekleidet zu sein, aber trotzdem ausreichend, um nicht zu frösteln, empfiehlt sich ein Kimono. Als Ersatzlösung kommt auch ein dünner Morgenmantel oder ein langes Hemd in Betracht. Die Fingernägel des Massierenden sollten natürlich kurz, rundgefeilt und sauber sein. Gesprochen wird während der Massage nicht, außer du bittest deine Partnerin, sich umzudrehen. Auch sollte sie vollkommen entspannt und passiv bleiben und sich einfach nur der Massage hingeben und diese genießen. Wenn du dich von deiner Partnerin massieren lässt, gilt diese Vorgehensweise übrigens genauso.

Zur Einstimmung auf eine Massage kannst du mit deiner Partnerin oder deinem Partner folgende Fingerübungen machen: Setzt euch gegenüber, seht euch in die Augen, legt eure Handflächen horizontal aneinander und lasst diese langsam kreisen. Wenn ihr zuvor beide einen Kimono angezogen habt, könnt ihr diesen zum Übergang auf die Massage nun langsam vom Körper gleiten lassen. Dieses langsame Abgleiten erzeugt auf der Haut ein sehr aufregendes Gefühl.

Eine weitere Möglichkeit ist Folgende: Jeder von euch reibt seine Handflächen dreißig bis fünfundvierzig Sekunden kräftig aneinander. Dann haltet euch eure Handflächen in einem Abstand von etwa sechs bis acht Zentimeter gegenüber. Ihr werdet anfangs Wärme und ein Kribbeln spüren, danach eine Art Energieaustausch. Spielt ein wenig mit dieser Energie, indem ihr eure Hände langsam hin und her bewegt.

Ein prickelndes Gefühl rufst du bei deiner Liebsten hervor, wenn du in deinen Händen ein Massageöl verteilst und dann mehrmals vom Brustbein aus um ihre Brüste herum und über die Innenarme bis zu den Fingerspitzen fährst. Zuerst mit einer Hand, dann mit beiden gleichzeitig. Du kannst auch deine Hände auf die Rippen deiner Partnerin legen und diese langsam zwischen ihren Brüsten nach unten gleiten lassen.

Streichle den Busen deiner Partnerin, indem du mit einem Finger sanft an den Seiten und unten entlang streifst und die Brustwarzen mit leichten Streichelbewegungen umkreist. Zur Abwechslung kannst du ihre Brüste auch mit den Händen seitlich und unterhalb streicheln. Dieses Spielchen lässt sich noch sinnlicher gestalten, wenn du dich auf eine feste Unterlage setzt, deine Partnerin sich rückwärts zwischen deine gespreizten Beine setzt und ihren Rücken an deinen Oberkörper schmiegt. Der Hautkontakt wird dadurch noch intensiver.

Sehr wohltuend gegen Stress und Kopfschmerzen ist eine Kopfmassage. Massiere dazu mit den Fingerspitzen in kleinen Halbkreisen und mäßigem Druck auf der Stirnmitte hinauf bis zum Haaransatz, während du die Daumen in einer kreisförmigen Bewegung gegen die Schläfen presst. Dann drücke zehn Sekunden lang mit der Handfläche und den Handballen dagegen. Dort mit mäßigem bis starkem Druck die Haut in kreisenden Bewegungen massieren. Wichtig: Nicht *auf* der Haut mit den Fingerspitzen kreisen, sondern die unter den Fingerspitzen befindliche Kopfhaut mit kreisen lassen. Nun kannst du die gesamte Kopfhaut in sanft kreisenden Bewegungen massieren. Zum Abschluss lege beide Hände noch etwa eine Minute lang auf das Gesicht.

Achte bei einer Massage besonders darauf, dass du einen langsamen und gleichmäßigen Rhythmus mit ausreichendem Druck aufrecht erhältst und das zwischen den Bewegungen oder beim Umdrehen deiner Partnerin nie der Hautkontakt abgebrochen wird. Halte daher während der gesamten Massage immer mindestens mit einer Hand Körperkontakt zu deiner Partnerin. Experimentiere mit verschiedenen Geschwindigkeiten und unterschiedlichem Druck, bis du den richtigen Rhythmus gefunden hast und die Bewegungen ineinander fließen. Verwende bei der Massage duftende Öle. Diese machen zum einen die Haut schön weich und glatt und zum anderen rufen sie durch ihren Duft eine sinnliche Stimmung hervor. Benutze nur angewärmtes Öl und trage dies zuerst auf deine Hände und dann auf die zu massierenden Körperteile auf.

Eine aus Frankreich stammende Massage nennt sich »Spinnenbeine«. Bei dieser Massage lässt du deine Fingerkuppen ähnlich sacht wie eben Spinnenbeine, die die Haut kaum zu berühren scheinen, über verschiedene Körperstellen deiner Partnerin gleiten. Führe diese Massage so aus, als wenn deine Fingerkuppen nicht die Haut berühren sollen, sondern lediglich die darauf befindlichen, kaum sichtbaren Haare. Besonders erregend ist diese Massage natürlich an den erogenen Zonen. Dass du die Genitalien auf jeden Fall auslässt, versteht sich aus dem oben Genannten, da diese ja auch nicht *kaum sichtbar* behaart sind. Gehe bei dieser Art der Massage mit der einen Hand ständig langsam vorwärts und mit der anderen starte an verschiedenen Stellen immer überraschend.

Ein richtiger Scharfmacher ist folgende Massage: Berühre deine Partnerin *ganz sanft* irgendwo auf der Haut. Verweile an dieser Stelle etwa zwei Minuten, dann arbeite dich *ganz langsam* zu ihren Brüsten hin vor. Berühre die Brustwarzen aber *noch* nicht. Lass sie erst noch ein paar Minuten darunter leiden, dass sie etwas haben will, aber noch nicht bekommt. Erst, wenn du sie eine gewisse Zeit gestreichelt hast – oberhalb und unterhalb der Brustwarze und rundherum, aber niemals darauf – berührst du sie *ganz sanft,* aber wiederum nur so, das deine Finger die Haut kaum erreichen. Das wird sie mit der Zeit wahnsinnig machen und ihre sexuelle Begierde ins Unendliche steigern.

Fast elektrisierend wirkt auf manche Frauen, wenn man ihnen seinen warmen, feuchten Atem durch ihre Unterwäsche bläst. Blase aber niemals Luft direkt in die Vagina!

Angeblich freut sich die Zone oberhalb der Brustwarze und die Außenseite der Brust weit mehr über zärtliche Berührungen als das innere und untere Viertel des Busens oder die Spitze der Brustwarze.

Hebe die Brüste deiner Geliebten hoch, drücke sie sanft mit den Daumen und Fingern zu den Brustwarzen hin und ziehe mit allen fünf Fingern daran.

Wenn du deine Partnerin streichelst, versuche, den Druck deiner Hände so weit zu reduzieren, dass sie nur noch in einem Abstand von circa zwei Millimetern über die Haut gleiten. Das erzeugt ein fast elektrisierendes, prickelndes Gefühl bei beiden Partnern.

Äußerst anregend für deine Partnerin ist folgende Brustmassage: Gehe mit einem Finger spiralförmig von außen nach innen erst über die eine, dann über die andere Brust. Anschließend drücke die Haut um die Brustwarzen zwischen Zeigefinger und Daumen leicht zusammen und fahre so mit deinen Fingern über die Haut bis zum Brustrand.

☯

Die Badewanne ist nicht nur ein Spielplatz für Kinder. Spritzt euch in der Badewanne gegenseitig mit Wasserpistolen nass, besonders an den erogenen Zonen.

Ein Bad kann auch euer körperliches und seelisches Wohlbefinden steigern und den Sex verbessern, da ihr beide wisst, dass eure Körper rein sind und der Körper des Partners ohne Einschränkungen gestreichelt, geküsst und geleckt werden kann.

☯

Streiche deiner Partnerin nach der Massage sanft über die Füße, lass deine Finger zwischen ihre Zehen hindurchgleiten, und liebkose ihre Knöchel. Anschließend kitzle, lecke und sauge noch ein wenig an ihren Zehen.

Wenn du ihr eine sinnliche Fußmassage geben möchtest, verwende ein wenig Massageöl oder eine Lotion.

Selbst, wenn er oder sie sich zu müde oder abgespannt für die Liebe fühlt, kann eine Massage die Lebensgeister wieder wecken.

Laut Vatsyayana, dem berühmten Autor des Kamasutra, massiert man hierzu am besten den unteren Teil des Rückens und den Unterleib. Mit geschlossenen Fingern und den Handflächen klopfe und presse rhythmisch die Rückseite der Beine (dabei besonders auf die sensiblen Kniekehlen achten), bis hinunter zu den Knöcheln und Füßen. Dann streichle die Innenseite der Füße und die Sohlen und ziehe an jeder Zehe. Arbeite dich dann bis zu den Hinterbacken hinauf und bitte deine Partnerin, sich umzudrehen. Nun massiere die Innen- und Oberseite der Oberschenkel. Dann siehst du, ob sie zur Liebe bereit ist. Wenn ja, dann streichle weiter bis zu der Stelle, »wo sich die Beine verbinden«. Wenn du das Verführerische dieser Massage noch steigern willst, kannst du auf die Haut atmen und blasen und sanft an Rücken, Armen und Beinen knabbern.

Vatsyayana hat auch Einiges darüber geschrieben, wie man die Yoni (im Tantra die weiblichen Geschlechtsteile) vor dem Eindringen mit dem Lingam (der Penis) stimulieren kann. Er rät, das Lingam mit der Hand zu halten und es an der Yoni vor- und rückwärts oder in kreisenden Bewegungen zu reiben, Geschwindigkeit und

Druck zu erhöhen und die Klitoris gelegentlich zu necken, indem du ihr mit dem Lingam einen festen Klaps gibst.

Lass die Yoni für einen kurzen Moment unbeachtet, fahre mit deinem Finger nach hinten und streichle die Gegend um den Anus. Stimuliere mit Vor-, Rückwärts- und Kreisbewegungen das Muladhara-Zentrum (eines der sechs Zentren psychischer Energie) zwischen Yoni und Anus. Tippe einige Male mit der Fingerspitze darauf, um Kundalini (die Lebensenergie; genannt Schlangenkraft) zu erwecken.

Eine schöne Massage zum »Heißmachen« ist auch Folgende: Streichle mit deiner flachen Hand leicht und lange über ihren ganzen Körper. Dies ruft ein angenehmes Kitzeln hervor.

Es macht sich gut, vor Beginn einer Massage Gewürze oder exotische Früchte, die einen intensiven Geruch haben, zur Anregung zu zerkauen (Anis, Feigen, Mangos, Passionsfrüchte, Papayas).

Bei den meisten Frauen kann man wohlige Gefühle hervorrufen, wenn man die hohle Hand auf den Venushügel legt und ihn mit dieser leicht schüttelt und eventuell einen Finger zwischen die Schamlippen einführt. Eine weitere Möglichkeit, die Vulva weniger direkt zu berühren, besteht darin, mit der Hand die gesamte Vulva zu bedecken, sie dort liegen zu lassen und langsam und fest nach unten zu drücken. Deine Partnerin wird diesen Druck als beruhigend und erregend zugleich empfinden. Übrigens eine ganz einfache Methode der Erregung, die die meisten Männer aber gar nicht kennen oder nicht anwenden, wie ich festgestellt habe.

Du kannst deine Partnerin und dich mit Leichtigkeit in Stimmung bringen, wenn du zum Beispiel mit ätherischen Ölen und Kräutern eine sinnliche Atmosphäre schaffst. Besonders gut eignen sich dafür Duftlampen, in die man verschiedene Duftöle geben kann (Rosenöl, Sandelholz, Ylang-Ylang-Öl).

Verschaffe deiner Partnerin eine besondere Vorfreude, in dem du ihr mit einem durchsichtigen Schal oder einer schwarzen Augenmaske (im Erotik-Versand erhältlich) die Augen verbindest und ihr dann ins Ohr flüsterst, was du gleich im Bett mit ihr anstellen wirst. Diese Methode wirkt durch den Entzug sinnlicher Reize. So werden durch das Anlegen einer Augenbinde der Hörsinn und der Geruchssinn stärker gereizt. Du kannst sie auch Fesseln, um ihre Bewegungsfreiheit einzuschränken.

Ein sehr verführerisches und stimulierendes Erlebnis ist auch das Bemalen unterschiedlicher Körperteile, wie zum Beispiel der Brustwarzen, des Nabels, der Hände oder der Füße mit den Fingern oder einem weichen Pinsel.

Die erogenen Zonen

An erster Stelle der erogenen Zonen bei der Frau steht der gesamte Vulvabereich. Unter diesem Bereich versteht man die am Venushügel beginnende Körperpartie, zu der die äußeren und inneren Schamlippen, der Kitzler und der Scheidenvorhof gezählt werden.

Der Kitzler ist das sexuell empfindlichste Organ der Frau. Er liegt an der oberen Gabelung der kleinen Schamlippen und befindet sich unter einer kleinen Hautfalte. Diese Hautfalte bezeichnet man auch als Vorhaut der Klitoris. Sichtbar ist von der Klitoris, ähnlich wie bei einem Eisberg, aber nur ein kleiner Teil, die Eichel. Der weitaus größere, von der Haut überdeckte Teil, wird als Schaft bezeichnet. Trotz ihres geringen Umfangs im Vergleich zur Eichel des Penis ist die Klitoris reicher mit empfindsamen Nervenenden ausgestattet und hat eine hohe Blutzirkulation. Ein Vergleich des Kitzlers mit dem Penis drängt sich förmlich auf. Auch der Schwellkörper des Kitzlers füllt sich bei leichtem Streicheln mit Blut und sorgt damit für eine Vergrößerung der Klitoris. Bei manchen Frauen erreicht die erregte Klitoris einen Umfang, der das Zweifache der normalen Größe betragen kann. Wenn die sexuelle Erregung soweit vorangeschritten ist, dass sie nur noch durch einen Orgasmus abgebaut werden kann, zieht sich der Kitzler tief unter die schützende Vorhaut zurück. Die Länge des Kitzlerschaftes verringert sich dabei ungefähr um die Hälfte. Hört man mit der Reizung auf, erscheinen Schaft und Eichel wieder. Wird die Stimulation fortgesetzt, verschwinden beide wieder. Dieses Spielchen geht so lange weiter, wie die Stimulation fortgesetzt, unterbrochen und wieder fortgesetzt wird. Wissenswert in diesem Zusammenhang ist sicherlich, dass – im Gegensatz zur Ansicht der meisten Männer – Frauen durch Reizung ihres Kitzlers und der umgebenden Schamhügelpartie masturbieren und nicht durch Einführen eines oder mehrerer Finger oder irgendwelcher (penisähnlicher) Gegenstände. Die sehr zahlreich verkauften Vibratoren werden von den Frauen vielmehr zur Reizung ihrer Brüste, Hautpartien an Bauch und Oberschenkel, des Scheideneingangs und bevorzugt des Kitzlers verwendet.

Schamhaar

Während sich die Schambehaarung bei den Männern meistens spitz auslaufend über den Bauch erstreckt, bildet diese bei den Frauen überwiegend eine scharfe, waagerechte obere Begrenzung. Die Farbe der Schamhaare bei Blondinen ist allgemein dunkler als die Haare auf dem Kopf, bei dunkelhaarigen Frauen meistens etwas heller als das Haupthaar. Des Weiteren ist blonde Schambehaarung viel feiner und dünner als das Schamhaar dunkler Frauen, dass meist auch gelockt ist. Rothaarige Menschen haben auch rotblonde Schamhaare. Beobachtungen haben ergeben, dass die Farbe der Schamhaare auch oft so ist, wie die der Augenbrauen.

Vor allem durch üppigen Haarwuchs werden manuelle Reizungen der Schamlippen und des Kitzlers oft erschwert und die Lustempfindlichkeit der Frau beim Gestreicheltwerden stark vermindert. Problematisch wird es sogar, wenn der Partner Cunnilingus ausüben möchte. Er muss dann einen Großteil seiner Aufmerksamkeit bereits darauf richten, die widerborstigen Schamhaare von den Schamlippen und vom Kitzler fern zu halten und nicht während des Cunnilingus das eine oder andere Schamhaar zu verschlucken und damit in einen Würgereiz zu verfallen. Jede Frau sollte daher darauf achten, die Länge ihrer Schamhaare recht kurz zu halten. Wird der Cunnilingus oft durchgeführt, dann empfiehlt sich eine Enthaarung. Eine Art der Enthaarung besteht darin, auf die Schamhaare zähflüssiges Wachs aufzutragen. Beim Erhärten des Wachses trocknen die Haare darin ein und können mit dem Wachs entfernt werden. Schmerzlos geht es mit den Mittelchen der modernen Chemie, mit chemischen

Haarentfernern. Am verbreitetsten ist nach meinen Erkundigungen aber das Rasieren mit Rasierschaum und Rasierapparat. Viele Frauen rasieren sich nur die Haare um die Schamlippen und lassen ein kleines Dreieck oder einen breiten Strich oberhalb der Schamlippen stehen, einige rasieren ihre Schamhaare ganz.

Nicht zu vergessen ist auch, dass die Enthaarung des »Lustzentrums« einen starken zusätzlichen Reiz für den Mann darstellt.

Erregen einer Frau

Denke daran, dass Frauen für eine sexuelle Erregung meist mehr brauchen als ein paar Mal schlecken und einen zarten Kuss auf die Innenseite der Oberschenkel. Nimm dir also stets genügend Zeit und trainiere, sie mit Händen, Lippen, Zunge und Sprache (und anderen Dingen) »aufzuheizen«. Das Vorspiel sollte auch nicht erst kurz vor dem Sex und ausschließlich im Bett stattfinden. Es ist auch schon Vorspiel, wenn du mit deiner Partnerin Hand in Hand einen Einkaufsbummel machst, genüsslich ein Glas Wein trinkst oder ihr nach einem anstrengenden Arbeitstag den Nacken massierst.

Nimm dir unbedingt auch genügend Zeit für »das Nachspiel«. Eine Frau empfindet es mehr als Frust denn als Lust, wenn er sich danach abwendet und einschläft. Streichle deine Partnerin »danach« noch ein Weilchen über den ganzen Körper und bleibe zum Ausklang ganz dicht einfach bei ihr liegen.

Körpersprache ist die Hauptverständigung beim Sex. Mit dem Körper kannst du deiner Partnerin zu verstehen geben, was dir gefällt oder wie manches noch besser sein könnte.

Eine Frau kann sich nicht entspannen und völlig hingeben, wenn sie sich gehemmt fühlt und ihren Körper nicht mag. Sie blüht dagegen richtig auf, wenn man ihr Komplimente zu ihrem Körper macht und Aufmerksamkeit schenkt.

Mache deine Umgebung zu einem Paradies für Intimität, indem du Unterbrechungen möglichst vermeidest. Dafür gibt es ja schließlich Anrufbeantworter, Türschlösser und – falls ihr Kinder haben solltet – einen Babyalarm.

Frauen erreichen den Höhepunkt generell langsamer als Männer. Ein langes und gutes Vorspiel ist daher Voraussetzung, um sie »auf Wolke 7« zu bringen.

Dein Vorspiel beginne am besten mit Küssen auf den Mund (in den verschiedensten Varianten). Dann fahre über die Wange hinüber zu einem der Ohren. Belecke den Gehöreingang mit der Zungenspitze und blase ganz sanft deinen warmen Atem hinein; puste aber nicht direkt in den Gehörgang. Wandere dann mit deiner Zunge hinter dem Ohr herum weiter abwärts bis zum Kinn, über die Kehle zur Brust und den Brustwarzen (auch daran saugen oder zärtlich zubeißen) weiter zu den Achselhöhlen. Während du deine Partnerin nun auf den Bauch drehst (sie sollte die Drehung natürlich unterstützen), streicht deine leckende Zunge über die Schultern auf der Wirbelsäule hinunter auf die Gegend um die Lendenwirbel. Nun küsst du die Pobacken und leckst weiter über die Rückseiten der Oberschenkel hin zu den Kniekehlen (diese lecken und saugen). Deine Lippenreise geht weiter über die Innenseiten der Waden, über Knöchel und Ferse zu den Fußsohlen (wieder lecken). Drehe deine Partnerin nun wieder auf den Rücken. Der Weg deiner Zunge führt jetzt vom Fußrücken über die Innenseiten der Waden, entlang an der Innenseite der Oberschenkel, aber noch nicht hin zur – wie von deiner Partnerin jetzt erwartet wird – Vagina, sondern du machst erst noch einen kleinen »Schlenker« zum Bauchnabel. Durch diese kleine Verzögerung, die wider dem Erwarten deiner Partnerin ist, bekommt dieses Spiel erst den eigentlichen Kick. Umkreise den Bauchnabel ein paar Mal mit deiner feuchten Zunge, bevor du diese vom Bauchnabel zum Venushügel gleiten lässt. Zwicke jetzt mit dem weit geöffneten Mund ein- oder zweimal in diesen, lecke dann noch einmal die linke und die rechte Schamlippe hinauf oder küsse beide nacheinander, und erst dann gehst du zum Cunnilingus über. Dieser Abschluss vor dem Cunnilingus sollte aber auf gar keinen Fall zu schnell »durchgezogen« werden, so als ob du es selber kaum noch erwarten kannst. Auch an diesem Beispiel merkst du, dass das in diesem Buch immer wieder genannte mindestens zwanzigminütige Vorspiel ganz rasch vergehen kann, wenn die geschilderte Lippenreise langsam und vollständig durchgeführt und eventuell noch durch deine eigenen Ideen ergänzt oder verändert wird.

Solltest du in puncto Liebesspiel noch etwas verkrampft sein, dann unternehme etwas, um entspannter zu werden. Trinke vorher ein Glas zur Auflockerung oder nimm ein entspannendes Schaumbad. Auch Atemübungen haben sich bewährt (langsam durch die Nase tief in den Bauch einatmen, die Luft drei Sekunden anhalten und dann langsam durch den Mund wieder ausatmen; dabei an etwas Schönes denken, zum Beispiel an Urlaub, Sonne, Strand und Meer).

Massiere, streichle und liebkose deine Partnerin mit verschiedenen Körperteilen. Achte dabei auf ihre Reaktion, da Frauen oft anzeigen, wo und wie sie berührt werden möchten, indem sie Hände oder Augen auf diese Bereiche lenken. Entwickle ein Gespür für den Rhythmus, in dem deine Partnerin berührt werden möchte. Wenn es dir nicht liegt, so etwas zu erkennen, dann habe keine Scheu, deine Partnerin zu fragen. Flüstere ihr zum Beispiel einfach zu: »Magst du das?« oder »Wie gefällt dir das hier …?«. Bringe sie mit deinem Streicheln *fast* bis zum Orgasmus, ziehe dich zurück, verlangsame das Tempo und die Intensität, und fange dann wieder von vorne an. Durch das Ansteigen und Abfallen der Erregung baut sich allmählich eine sexuelle Energie auf, die in einem Super-Orgasmus gipfeln kann.

Achte darauf, dass das Vorspiel mindestens zwanzig Minuten dauert. Diese Zeit vergeht wie im Fluge, wenn du darauf achtest, zumindest ihren Mund, das Ohrläppchen, den Hals, die Schultern, Achselhöhlen, Brüste, Brustwarzen, Handgelenke, Finger, die Nabelgegend, die Innenseiten ihrer Oberschenkel, die Fußsohlen und die Genitalien *ausgiebig* zu küssen.

Sehr wirkungsvoll ist es auch, wenn man nur einen Finger über die Haut gleiten lässt.

Experimentiere beim Sex auch immer ein wenig und berühre deine Partnerin öfters auf neue Weise. Männer, die beim Sex immer mit derselben Masche vorgehen, werden schnell zu einem langweiligen Liebhaber. Dringe zum Beispiel nicht gleich in sie ein, sondern klopfe mit dem »Kopf deines Kriegers« erst einmal an ihre Himmelspforte. Drücke »seinen Kopf« dann ganz leicht gegen ihre Pforte, ziehe ihn aber wieder zurück, wenn er beginnt, einzudringen. Dieses Spiel wiederholst du erst einige Male, bis deine Partnerin es nicht länger aushält und dich anfleht, ganz einzudringen.

Manche Frauen fahren voll darauf ab, wenn man ihre Nippel sanft anhaucht, andere möchten fest in die Brustwarzen gekniffen werden und wieder andere können es nicht einmal ertragen, wenn man diese nur berührt. Lerne den Körper deiner Liebsten also kennen und frage sie auch, was ihr am besten gefällt.

Wenn du die eine Brust deiner Partnerin küsst, dann streichle die andere mit deinen Fingern, einer Fasanenfeder oder einem Wedel aus Federn. Denke aber auch daran, die Brüste hin und wieder abzuwechseln.

Fast alle Frauen haben es gern, wenn man sie um die gesamte Brust liebkost, um die Brustwarze herum leckt, daran saugt und sanft hineinbeißt. Wiederum haben auch fast alle etwas *dagegen*, wenn man ihren Busen »begrapscht«. Es besteht nämlich nur ein schmaler Grat zwischen Stimulation und leichtem Schmerz, da die Brüste eine sehr empfindliche Struktur haben. Lerne also, die Brustwarzen deiner Liebsten richtig zu behandeln. Dann werden sie nämlich zu starken Lustpunkten, die einen »heißen Draht« zur Klitoris unterhalten.

Wichtige »Genusspunkte« befinden sich auf einer gedachten Linie zwischen Bauchnabel und Schambeinfuge. Stelle dir vor, dass auf dieser Linie fünf Punkte mit gleich großem Abstand liegen. Drücke nun diese fünf Punkte nacheinander circa fünf Sekunden und wiederhole dies noch einmal. Es ist auch möglich, auf dieser Linie sanft mit den Fingerkuppen zu streicheln oder diese Punkte zu küssen.

Schreibe zur Abwechslung mit deiner Zunge nacheinander die Buchstaben des Alphabets oder den Namen deiner Partnerin auf ihre Scham.

Bevor du mit dem Fingerspiel beginnst, wasche dir bitte die Hände. Es gibt dafür folgende Gründe: Das Schleimhautgewebe der weiblichen Genitalien ist sehr zart und anfällig für Keime und der natürliche Salzgehalt an den Fingern kann dort ein brennendes Gefühl verursachen (ebenfalls Seifenreste – also nach dem

Waschen gut mit klarem Wasser abspülen). Wenn kein Wasser zur Verfügung steht, dann lecke deine Finger einfach ab.

Als Vorspiel eignet sich auch gemeinsames Baden oder Duschen. Seifige, über die Haut gleitende Hände, versetzen uns langsam in Erregung. Für einen erotischen Duft sorgen ein paar Tropfen eures bevorzugten Aromaöls ins Badewasser. Beide Partner sind so herrlich erfrischt und bestens für nachfolgende Leckereien und Schleckereien vorbereitet.

Viele Männer vergessen oft, dass Frauen beim Sex auch den Busen in die Hand genommen haben wollen. Manche Frauen brauchen sogar unbedingt die Berührung ihres Busens, um überhaupt zum Orgasmus kommen zu können.

Sorge dafür, dass dein Gesicht beim Liebesspiel immer glatt wie ein Babypopo ist, sonst wird es für deine Partnerin nur eine schmerzhafte Angelegenheit. Testen kannst du dies, indem du mit der Innenseite deines Handgelenks über deine Bartstoppeln fährst, speziell im Bereich unterhalb deiner Unterlippe.

Wenn du den Körper deiner Angebeteten betrachtest und berührst, dann hüte dich aber vor einem wissenschaftlichen Verhalten oder Untersuchungen, wie man sie aus dem Paarungsverhalten der Primaten kennt, da dies eigentlich jede Frau irritiert. Ein Killer jeder Geborgenheit ist die simple Frage: »Was hast du *da?*«.

Eine wichtige Rolle spielt für eine Frau auch, wie du zum Beispiel ihren Busen oder ihrer Scheide das erste Mal benennst. Daraufhin werden von ihr sofort Schlüsse bezüglich deiner Herkunft und deiner Einstellung zum weiblichen Geschlecht gezogen.

Bereits im alten China wurde erkannt, dass bei den Verführungskünsten den Worten eine besondere Bedeutung zukommt. Verhelfe deiner Partnerin daher zu fröhlichen, glücklichen und erregten Gefühlen in Bezug auf dich selbst und ihren Liebesaussichten. Sage ihr zum Beispiel, wie sehr du dich darauf freust, sie in ihrem neuen Outfit zu sehen oder wie du euer nächstes Liebesspiel spielen wirst. Beschreibe ihr, wo und wie du sie streicheln und küssen wirst. Besonderen Reiz hat dies, wenn du mit deinen Beschreibungen schon ein paar Stunden oder sogar Tage zuvor beginnst und sie so langsam »hochkitzelst«. Du wirst sie so wie eine reife Traube pflücken können.

Vermeide unbedingt den Fehler, zu meinen, du müsstest die Selbstsicherheit deiner Partnerin dadurch stärken, dass du einem augenfälligen Makel eine extra Portion Lob gönnst (zum Beispiel: »Ich liebe jedes Kilo an dir«). Selbst, wenn du es wirklich so empfindest, ist es für deine Partnerin doch so, wie »Salz in eine offene Wunde gestreut«.

Spiele mit dem Haar im Nacken deiner Partnerin, hebe es zärtlich an und küsse die Haut darunter. Streichle mit dem Handrücken oder den Fingern leicht die Seite ihres Kiefers, über ihre Wangenknochen, ihre Stirn und dann über ihren Hals.

Sauge beim Küssen deiner Partnerin an ihrer Zunge – langsam, dann küsse sie, dann sauge wieder, mal sauge die Zunge ganz ein, mal nur die Spitze. Achte beim Küssen darauf, dass deine Lippen nicht zu locker sind, dies fühlt sich schlabberig an.

Probiere einmal, mit der gekrümmten Zungenspitze an der Innenseite der Oberlippe deiner Partnerin entlang zu fahren, wobei die Unterseite deiner Zunge ihre Zähne berührt.

Versuche, beim Küssen deine Lippen wie Finger zu gebrauchen.

Äußerst erogen wirkt auf die meisten Frauen ein fester Druck auf die Innensohle, besonders, wenn sie schon »in Stimmung« ist. Sehr erogene Gebiete sind auch die Zehen. Küsse, sauge und kitzle diese und spiele mit ihnen.

☯

Vernasche deine Liebste einmal auf folgende Art: Führe ihre Hände sanft über ihrem Kopf zusammen und fessele sie mit einem weichen Wollschal. Dann fahre mit deinen Händen durch ihr Haar, küsse ihren Hals und beiße sanft in die Oberkante ihres Ohrs. Du kannst auch mit deiner Zunge in ihr Ohr eindringen. Viele Frauen macht das ganz heiß, einige mögen es allerdings überhaupt nicht. Nun küsse ihren Hals, streife mit deinen Lippen über ihre Lippen und knabbere vorsichtig an ihren Brustwarzen, die sich spätestens jetzt aufrichten werden. Du kannst nun deine Hände von oben nach unten über ihren Körper gleiten lassen und mit den Händen ihre Beine spreizen. Jetzt greifst du nach dem zuvor bereitgelegten Vibrator und fährst an der Innenseite ihrer Oberschenkel ganz langsam in Richtung ihres immer feuchter werdenden Möschens. Während du den Kopf deines Soldaten zwischen ihre feuchten Tempeltore schiebst, legst du die Spitze des Vibrators auf ihre kostbare Perle, die schon in voller Pracht zu sehen ist. Auch wenn sie dich bittet, doch ganz »einzutreten«, gehst du erst noch einmal zurück und beginnst das Spiel von vorn. Erst dann gibst du ihr alles.

Ein Gigolo erzählte mir, dass er, bevor er mit einer Frau zum ersten Mal schläft, ungefähr zwei Stunden damit verbringt, ihren Körper und ihre Lippen zu küssen und zu streicheln und dass dies bei *allen* Frauen sehr gut ankommt.

☯

Die meisten Frauen reagieren sehr stark auf Gerüche. Verführe deine Liebste daher mithilfe der Aroma-Therapie. Aromen tragen zur Entspannung der Partnerin und zur Erhöhung ihres sexuellen Vergnügens bei. Duftöle können zum Beispiel auf eine Kerze geträufelt, mit einem Massageöl vermischt, in eine spezielle Öllampe gefüllt oder ins Badewasser gegeben werden.

Was beim Verkehr gut funktioniert, lässt sich am besten herausfinden, wenn sich die Frau in der »Reiterposition« befindet. Der Mann kann so am besten fühlen, was sie mit seinem Penis macht, wie sie sich bewegt und wo sie sich massiert.

Manche Frauen (und Männer) empfinden es während des Liebesakts besonders erregend, wenn sie kleine Klapse auf den Po bekommen.

Wenn deine Liebste sagt, sie hat jetzt keine Lust, probiere einmal, ihre Hand zu streicheln. Vielleicht ändert sie nach einigen Minuten dann ihre Meinung.

Liebesspiel

Flüstere deiner Partnerin doch einmal Liebeserklärungen oder erotische Fantasien ganz leise so ins Ohr, dass sie sie gerade noch hören kann. Dies wirkt durch die Spannung der leisen Sprache und durch die intime Berührung des Ohrs mit den Lippen und dem Atem. Wenn dir nicht immer gleich etwas einfällt, spreche einfach nur ihren Namen oder Kosenamen. Auch während des Liebesspiels gilt, wie allgemein im Leben: Welches Wort hört jeder Mensch am liebsten? Antwort: Seinen Namen.

Eine besondere Art, während des Liebesspiels die Sinne zu reizen, besteht darin, dass der eine Partner angezogen bleibt, während der andere nackt ist. Einen extra Kick kann es geben, wenn man mit der Hand unter Kleidungsstücke fährt. Wenn deine Partnerin bekleidet ist, necke sie, indem du langsam nach und nach ihre Kleidungsstücke entfernst. Streife ihr langsam die Bluse über die Schultern und küsse ihre Schulter, ehe du sie ganz abstreifst. Gleite dann mit einem Finger an der Innenseite des BHs und/oder der Träger entlang, ehe du auch ihn abstreifst. Spiele auch mit ihren Slip noch ein ganzes Weilchen, indem du zum Beispiel mit einem Finger oder einem Finger von jeder Hand an den Innenseiten der Ränder entlang streifst. Ziehe den Slip dann zwischen den Schamlippen und der Gesäßspalte hinauf. Ziehe ihn deiner Liebsten aber erst aus, wenn sie schon feucht ist.

Es macht nicht nur Männer heiß, wenn Frauen Dessous tragen, sondern viele Frauen mögen es auch, wenn Ihr Partner während das Vorspiel ein sexy Kleidungsstück an hat, wie zum Beispiel einen String, einen String-Body oder sexy Shorts.

Die meisten Frauen finden einen wenig bekleideten Mann reizvoller als einen nackten. Mach aber nicht den Fehler und behalte deine Unterhosen, Socken und Schuhe an. Dies finden Frauen nicht sexy, sondern lächerlich. Auch im Bett sind Socken tabu. Ziehe dir daher die Socken immer vor den Hosen aus. Es kann auch sehr sexy sein, wenn du noch bekleidet zu deiner nackten Partnerin ins Bett steigst – sofern es sich nicht um deine alten, ausgebeulten Lieblingssachen handelt. Die Berührung des Stoffs mit ihrer Haut wird ganz neue Lustgefühle bei ihr hervorrufen. Die Socken ziehst du natürlich aus, versteht sich.

Wenn du weist, dass euer Zusammensein im Bett enden wird oder kann, dann achte darauf, dass du saubere und qualitativ bessere Unterwäsche trägst. Diese sollte dir natürlich passen und nicht zu groß oder zu klein sein. Wenn deine Mausi auch nichts sagt, so wird doch ihr verschmitzter Blick fragen: Hatten sie die auch in deiner Größe?

Auf Unterwäsche mit Cartoon-Figuren oder coolen Sprüchen, in der Art »Hier steckt viel Gutes drin« verzichte lieber. Darauf fahren Frauen überhaupt nicht ab.

Überlege dir gut, was du vor dem Sex isst oder trinkst. Knoblauchhaltige Speisen und Biergenuss sollten vor dem Liebesspiel vermieden werden, es sei denn, ihr nehmt ein derartiges Essen gemeinsam ein.

Da heutzutage über den Schutz von Kondomen in den verschiedensten Medien schon sehr viel gesagt wird (bloß gut!), möchte ich hier nur noch folgende Bemerkung anbringen: Es kann genügen, wenn du nur ein einziges Mal auf die »Liebeshülle« verzichtet hast und es stellt sich heraus, dass du gerade *dieses* eine Mal ein Kondom am dringendsten gebraucht hättest.

Wenn ihr schon etwas in Stimmung gekommen seid und dein »Männl« sich bereits leicht aufbäumt, kannst du auf ihre Brüste etwas angewärmtes Massageöl tropfen und dann mit der Spitze deines Penis ihre Brustwarzen massieren. Verwende dafür aber niemals unverdünnte ätherische Öle, da diese die Haut reizen können.

Beim Sex gibt es nichts, was richtig oder falsch ist, sondern nur etwas, was Spaß macht oder nicht. Komplexe verhindern nur jede Art von sexuellem Genuss. Befreie dich also von allen Vorurteilen über Sex.

Die meisten Männer wollen ihre »Jadestange« recht tief in die Lustgrotte der Frau stecken. Der empfindlichste Teil der Vagina befindet sich aber oft am Eingang in etwa drei bis fünf Zentimeter Tiefe. Wenn die Vagina erregt ist, herrscht hier obendrein die größte Enge, sodass der Rand um die Eichel diesen sensiblen Teil der Vagina stimuliert. Aber auch tiefe Stöße haben ihren Reiz. Beim tiefen Stoßen hilft das Schambein des Mannes der Frau, zum Orgasmus zu kommen. Obendrein reagiert der tiefere Teil der Vagina sensibel auf Druck. Die meisten Frauen mögen es daher, wenn sich kurz vor dem Orgasmus ein Penis oder penisähnlicher Gegenstand im hinteren Teil ihrer Vagina befindet, um den sich diese dann zusammenziehen kann. Denke aber daran, dass schnelles, tiefes und gleichmäßiges Stoßen im Allgemeinen den Orgasmus beschleunigt, da es den gesamten Penis intensiv stimuliert. Bei der Frau führt monotones Stoßen leicht zur Herabsetzung der Empfindungsfähigkeit. Die chinesischen Meister der erotischen Kunst empfehlen daher grundsätzlich, zu Beginn vorwiegend flach zu stoßen und nur gelegentlich tief. Erst mit fortschreitender Erregung der Frau sollte der Anteil an tiefen Stößen erhöht werden. Durch diese Vorgehensweise verlängert sich der Liebesakt und das Vergnügen wird für beide Partner auf ein Maximum gesteigert. Je länger dabei das flache Stoßen dauert, desto mehr Spannung wird erzeugt und desto größer ist auch die anschließende Befriedigung.

Für Männer, die unbedingt gleich am Anfang tief eindringen wollen, beschreibt die chinesische Liebesliteratur folgende Technik: Der Mann dringt gleich am Anfang tief ein. Dann soll er sich jedoch wieder fast vollständig zurückziehen und eine kleine Pause machen, bevor er mit dem Stoßen beginnt.

Als Vorbereitung auf einen Cunnilingus kannst du bei deiner Partnerin die Hautfalte zwischen Becken und Schenkelansatz lecken und küssen sowie die Innenseite ihrer Oberschenkel bis zur Kniekehle. Streichle dabei die Innenseite des anderen Schenkels mit einer Hand oder wandere mit deinen Fingern dort umher. Streichle mit einem Finger weiter in Richtung Klitoris, umkreise die Spitze der Klitoris mit einem Finger, streichle dann mit sanftem Druck am Klitorisschaft auf und ab. Die Erregung deiner Prinzessin wird sich dadurch mehr und mehr steigern.

Die Erregung und Lust deiner Partnerin kannst du mit Sicherheit steigern, indem du ihre Schamlippen aufhältst und den Venushügel nach vorn schiebst, sie mit Fingern, Zunge und Lippen stimulierst, bevor du in sie eindringst.

Bei manchen Frauen kann ein Orgasmus schon durch sanftes saugen, küssen oder streicheln am Ohr und der darunterliegenden Halspartie ausgelöst werden.

In alten indischen Liebestexten bauen verschiedene Stoßtechniken auf der Zahl Neun auf. Der Mann stößt erst neunmal flach und einmal tief, dann achtmal flach und zweimal tief. Dieses Spielchen wiederholt er so lange bis *er* bei neun tiefen Stößen und einem flachen Stoß angelangt ist und *sie* (angeblich) einen Orgasmus hat.

Eine Technik der Meister der Liebeskunst ist folgende: Der Mann zieht den Penis nach dem tiefen Eindringen teilweise zurück und macht nur noch flache Stöße. Durch diese Technik wir die eventuell in der Vagina befindliche Luft herausgedrückt und durch die Bewegung des Penis ein Teilvakuum erzeugt. Dieses Vakuum führt zu leicht saugenden Empfindungen an den Innenwänden der Vagina und reizt die druckempfindlichen Nervenenden im tieferen Vaginalbereich. Der Mann hat dabei das Gefühl, dass sein Penis schön eng umschlossen wird.

Bedenke, dass die Vagina deiner Partnerin sehr feucht sein, die Klitoris aber, da sie außerhalb der Vagina liegt, trocken werden kann. Es ist daher sehr wichtig, die Klitoris von Zeit zu Zeit anzufeuchten und sie auch zwischen den Stößen ab und zu zu reiben. Das beste Gleitmittel beim Liebesspiel ist der Speichel. Sicherlich gibt es auch noch viele andere Substanzen, fast alle beeinträchtigen aber die Empfindungen.

Ein immer wieder bei Männern (und teilweise auch bei Frauen) beliebtes Thema: Die Größe »seines Johannes«. Deshalb auch noch einmal direkt ein paar Worte dazu. Die Größe seines besten Stücks hat nichts mit seiner Brauchbarkeit zu tun, da der weibliche Orgasmus nicht vom tiefen Eindringen in die Vagina abhängt. Wenn überhaupt, dann ist die Penisdicke wichtig.

An dieser Stelle noch ein paar Hygienetips:

Männer sollten vor allem täglich die Vorhaut des Penis zurückziehen und diesen waschen. Weiterhin empfiehlt sich speziell für Männer, ein feuchtes Toilettenpapier zu benutzen, bzw. normales Toilettenpapier unter dem Wasserhahn anzufeuchten, da sie um den After wesentlich stärker behaart sind als Frauen, und an diesen Haaren kleinste, übel riechende Rückstände haften bleiben.

Größere Penisse sind nicht wirkungsvoller (höchstens visuell), kleinere funktionieren in fast allen Stellungen genauso gut. Irgendwelche übertriebenen Sorgen in dieser Richtung sind also Unsinn. Was letztendlich entscheidet ist: die Technik, die Technik und die Technik. Oder etwas anders ausgedrückt: Was nützt ein »langer Riemen«, wenn man(n) damit doch nur ein »Rauf-rein-runter« zustande bringt.

Mitunter kommt es vor, dass während des Liebesspiels irgendwo etwas Sperma »landet«. Es versteht sich von selbst, dass *du* für die (diskrete) Beseitigung deines Spermas verantwortlich bist.

Ein »Strammer Max« in zwei Minuten

Ziehe die Vorhaut des Penis zurück und bilde aus Daumen und Zeigefinger einen Ring um die Glansfurche (das ist der Teil, wo die Eichel in den Schaft übergeht), drücke diesen sanft zusammen und streichle mit einem oder zwei Fingern deiner anderen Hand die Unterseite des Penis zwischen Penisbändchen und Hodensack. Lockere den Ring dabei ab und zu und schließe ihn dann wieder etwas fester. Wenn keine ernsthaften psychischen oder physischen Störungen vorliegen, sollte diese Methode innerhalb von zwei Minuten aus einem »schlaffen Hänger« einen »Goliat« machen.

Längerer Penis und stärkere Erektionen

Obwohl Größe und Form des Penis genetisch festgelegt sind, ist es manchmal möglich, mit bestimmten Übungen kleine Verbesserungen zu erreichen. Die Eichel kann man zum Beispiel vergrößern, indem man den Penis drückt, als wenn man ihn melken will. Das Blut strömt dadurch in die Eichel, wodurch der Penis nach gewisser Zeit etwas größer wird. Wenn du die Erektion stärken willst, kannst du über deinen erigierten Penis einen Waschlappen hängen und die Muskeln anspannen und ihn heben. Mit Fortschreiten des Trainings kannst du dafür sogar einen nassen Waschlappen oder ein Handtuch verwenden.

Penisringe stauen den Blutfluss im Penis; Erektionen werden dadurch härter und dauern länger. Man schiebt diese Gummiringe (im Erotik-Versand erhältlich) auf den Penisansatz und manchmal auch um den Hodensack.

Das Nachspiel

Von jungen Männern wird das Nachspiel oft vernachlässigt, da ihnen noch das Können und Einfühlungsvermögen fehlen. Sie denken oft, von sich ausgehend, dass auch für die Frau nach einem Orgasmus alles »erledigt« ist. Bei einer Frau hält die orgastische Stimmung aber länger an als beim Mann. Sie ist daher noch voller Gefühle, wenn bei ihm schon längst alles vorbei ist. Steht er nach dem Sex auf und zieht sich an oder dreht sich um und schläft ein (oder fängt sogar noch an zu schnarchen), dann fühlt sie sich ausgenutzt und missachtet. Achte daher darauf, deine Partnerin nach dem Liebesakt noch etwas zu streicheln, zu liebkosen, ihr ein paar wertschätzende Worte zu sagen oder sie einfach liebevoll anzusehen. Vermeide aber Berührungen ihrer Brustwarzen oder Genitalien, da diese jetzt keine Stimulierungen vertragen.

Vatsyayana empfiehlt im Kamasutra für den Mann kleine Aufmerksamkeiten, wie zum Beispiel das Streicheln ihres Körpers und Liebkosen mit Sandelholz oder einem anderen duftenden Öl. Das Nachspiel ist eine besondere Zeit, um Gerüche zu genießen.

Tipps für »frischen Wind« in der Partnerschaft

Herz und Pfeil und Frau und Mann,
Schwüre an Sankt Valentin.
Liebst du mich auch nächstes Jahr,
gibst du dich nochmals hin?

Die, welche sich für immer geben,
ganz unbeirrt und herzensrein,
die können nur einmal im Leben
lieben und Geliebte sein.
Besser ist's, wir feiern neue
Liebesriten hie und da.
Wird's wieder Zeit für Flirt und Treue,
dann frag ich dich, und du sagst ja.

John Erskine
Valentine To One's Wife

Egal, wie gut und erfahren du als Liebhaber schon bist, widme dich der Erweiterung und Vervollkommnung deiner Liebes- und Verführungskünste. Denke daran, dass auch im Geschäftsleben ein Unternehmen für den Erfolg ständig innovativ und für Neues aufgeschlossen sein muss. Im Geschäftsleben in Amerika heißt es sogar knallhart: Wachsen oder weichen. Auch für ein erfolgreiches Liebesleben ist es erforderlich, immer wieder Neues zu lernen und zu üben und nicht nur am Altbewährten festzuhalten. Verändert aber von Zeit zu Zeit auch die altbewährten »Übungen« durch kleine Änderungen in Rhythmus und Tempo. Wichtig ist vor allem, den Augenblick des Eindringens bewusst anzugehen und nicht nur rein mechanisch einzudringen. Überrasche deine Partnerin beim Eindringen öfter mit einer neuen Geschwindigkeit und Tiefe. Sie wird dann beim nächsten Mal schon gespannt darauf warten, wie du es diesmal tun wirst. Du musst ihn auch nicht immer gleich hineinstecken. Kitzle ihre Pforte zur Lust doch erst ein Weilchen mit deiner Waffe der Liebe, bevor du ganz langsam etwa drei bis fünf Zentimeter in sie eindringst und dich dann noch einmal zurückziehst und das Spielchen von vorn beginnst. Auch ein Stoßen in »Zeitlupe« löst bei ihr und dir völlig neue Gefühle aus. Dein Bengel und ihr Zinnoberspalt sollten hierbei natürlich sehr feucht sein.

Veränderung ist eine wichtige Voraussetzung für ein erfülltes Sexualleben. Mach es also nicht nur im Bett, sondern auch einmal an anderen Orten. Schon der »Kick«, erwischt zu werden, kann für Spannung sorgen.

Praktiziere ab und zu Telefonsex. Beschreibe deiner Partnerin in bildhaften Details, wie und wo du sie in Gedanken gerade streichelst und/oder küsst.

Hauche deiner Partnerin während des Liebesakts zur Abwechslung einmal erotische Wörter in ausländischer Sprache ins Ohr, wie zum Beispiel »Ti amo« oder »Je t'aime«.

Betrachte deine Partnerin einmal so, als wäre sie eine Skulptur in einem Museum und du ein Bildhauer, der sie bewundernd von oben bis unten abtastet. Sage deiner Partnerin vorher, dass sie sich während dieses Spiels nicht bewegen darf.

Vorfreude kann das beste Vorspiel sein! Verzichte mit deiner Partnerin bewusst einige Tage auf Sex und verabrede mit ihr einen bestimmten Zeitpunkt für den nächsten Liebesakt.

Gönne deiner Partnerin mal ein »Zungenvollbad«. Beginne dabei mit einem Zungenkuss und arbeite dich dann vom Gesicht über den Bauchnabel bis zu den Füßen vor. Lass deine Zunge überall hinwandern, bis sie ganz in sie eingetaucht ist.

Du kannst die erogenen Zonen deiner Liebsten ja auch einmal mit einem duftenden Massageöl massieren. Achte aber darauf, dass deine Hände und das Massageöl angewärmt sind. Zum Abschluss fahre mit deinen Fingernägeln sanft über die massierten Stellen.

Der Bauchnabel ist auf Grund seiner Empfindlichkeit ideal für erotische Spiele geeignet. Fülle ihn mit Champagner und lass deiner Partnerin etwas Zeit, das Prickeln zu genießen, bevor du versuchst, mit Zunge und Lippen an das köstliche Nass zu kommen.

Besonders empfindsam ist deine Partnerin an den Körperstellen, an denen sie auch kitzlig ist. Diese Stellen eignen sich daher hervorragend für eine intensive und lustvolle Erotikmassage (probiere es mal mit Bauchnabel, Achselhöhlen, Kniekehlen und Fußsohlen).

Eine vollkommen neue Welt der Sinne lässt sich entdecken, wenn sich beide Partner gegenseitig berühren und sich während der Berührungen auf die Sinnesempfindungen in den Fingerspitzen und den gerade berührten Körperstellen konzentrieren.

Zu den empfindlichsten Regionen des Körpers gehört die Augenpartie. Fahre doch einmal sanft mit deiner Zunge über die Augenbrauen deiner Partnerin. Lass dir dabei ganz viel Zeit, dann können diese Zärtlichkeiten großes Vertrauen schaffen.

Ihr könnt euch beide scharf machen, wenn Ihr beide nackt seid und du dich an ihren Rücken kuschelst, ihre Brüste umfasst und zärtlich mit Schnüffeltönen an ihrem Nacken riechst. Sage ihr auch, wie gut sie riecht und das dich ihr Geruch wahnsinnig heiß macht.

Eine erotische Massage ist ein sehr bewährter Weg, dass Liebesspiel und die Erregungsphase zu verlängern, wenn man in den ersten fünfzehn bis zwanzig Minuten die Genitalien nicht berührt.

Wickle deine Partnerin doch einmal mit einer Gardine von den Schultern abwärts so ein, dass der nackte Körper noch durchscheint und streichle sie dann überall. Packe sie erst wieder aus, wenn sie es nicht mehr aushält und dich darum bittet.

In Stellungen, bei denen du beide Hände frei hast, kannst du zur zusätzlichen Stimulation den Po deiner Partnerin liebkosen und die Pobacken mal sanfter, mal kräftiger zusammendrücken.

Ziehe ein Kondom mit Rillen oder Noppen einmal auf links an, dann wirst du spüren, dass die Noppen/ Rillen nicht nur deiner Partnerin Lust bereiten können.

Vernachlässige beim Vorspiel auf gar keinen Fall die Zungenküsse. Sie sind mit das intensivste gemeinsame Erlebnis.

Flüstere deiner Partnerin zwischen den einzelnen Küssen oder während des Küssens kleine Komplimente zu.

Die Zunge zählt zu den erotischsten und erregbarsten Organen des Körpers. Vor allem die Zungenspitze ist sehr empfindlich (und immer sehr feucht).

Lecke abwechselnd mit der Ober- und der Unterseite deiner Zunge an den verschiedenen erogenen Zonen deiner Partnerin. Dies ruft unterschiedliche Gefühle hervor, da die Oberseite der Zunge eine raue und die Unterseite eine glatte Oberfläche hat. Lass deine Zunge dabei mit weit ausholenden Bewegungen kreisen.

Probiere einmal aus, mit deinen Lippen über die Lippen und auch die anderen erogenen Zonen deiner Partnerin zu reiben.

Du kannst auch das Gesicht deiner Partnerin in beide Hände nehmen und sanft mit deinen Lippen über ihre Lippen streifen und dich dann wieder zurückziehen.

Ein kitzelndes Gefühl entsteht, wenn man die Brustwarzen mit Speichel befeuchtet und dann sanft darüber pustet.

Es wird zwar landläufig und des besseren Verständnisses wegen auch in diesem Buch von der besonderen Empfindlichkeit der weiblichen Brustwarzen gesprochen, aber der Vollständigkeit halber möchte ich hier noch etwas genauer darauf eingehen. Der empfindlichste Punkt der weiblichen Brust überhaupt ist die Milchdrüse, die man als knotige Stelle dicht unter dem Warzenhof (wo die Brustwarze in die Brust übergeht) fühlen kann. Dies ist von der Natur so eingerichtet worden, damit die Frau beim Stillen ihres Säuglings keine Abneigung oder sogar Schmerzen empfindet, sondern vielmehr ein äußerst angenehmes Gefühl, das zum wiederholten Stillen des Säuglings Lust macht. Fazit: Einer Frau bereitest du die größte sexuelle Erregung, wenn du sie mit Daumen und Fingerspitzen genau an dieser Stelle sanft stimulierst. Daumen und Fingerspitzen solltest du natürlich zuvor mit deinem Speichel angefeuchtet haben. Oder noch besser, du machst es wie ein trinkendes Baby.

☯

Die meisten Männer und Frauen scheuen sich, einen Wunsch zu äußern, den der Partner ausgefallen oder abartig finden könnte. Wenn ein Partner beim Sex etwas Neues ausprobieren möchte, ist es daher am besten, den anderen Partner zu fragen, was er von der Idee hält, ob er bereit ist, es auszuprobieren. Wenn man es vernachlässigt, mit seiner Partnerin über Sex zu reden, woher will man dann je wissen, welche Bedürfnisse sie hat. Das gilt natürlich umgedreht für eine Frau ebenso. Auch sie sollte ihren Partner nach seinen Vorlieben beim Sex befragen.

Eine gute Möglichkeit, über Sex zu reden, ist übrigens die Zeit, während ihr beide aneinander geschmiegt liegt. Manchen Leuten fällt es aber auch leichter über Sex zu sprechen, wenn sie bekleidet sind und sich in einer lockeren Stimmung befinden. Denke aber daran, dass du nichts erreichen wirst, wenn du nicht wirklich *sagst*, was du fühlst. Hinweise und versteckte Andeutungen sind zwecklos, wenn es um das Thema Sex geht.

Wichtig in diesem Zusammenhang auch: Vergleiche deine jetzige Partnerin nie mit verflossenen Liebschaften. Wenn sie dich darum bittet, dann gehe zumindest nicht in Einzelheiten, auch, wenn der Vergleich positiv ausfällt. Sie wird sich selbst und bestimmt auch dich fragen, in welchen Punkten sie nicht so gut ist, wie ihre Vorgängerin.

Besitzt du Fotos von deiner Verflossenen, vernichte sie, sobald die Beziehung zu Ende ist. Behalte auch keine Andenken an eine frühere Beziehung. Fange mit jeder Liebesbeziehung neu an.

Sex kann spannender werden, wenn du mit deiner Partnerin Rollen spielst oder wenn ihr euch verkleidet. Auch Schmuck (ein Goldkettchen um die Hüfte, ein Fußkettchen, große Creolen, Armbänder, ein besonderer Gürtel) Make-up und Piercings können dem Liebesspiel einen neuen Kick geben.

Zur Auffrischung der eigenen Kräfte kannst du dir mit deiner Partnerin von Zeit zu Zeit einen erotischen Film ansehen. Es gilt aber, die Auswahl sorgfältig zu treffen, da geschmacklose Filme das genaue Gegenteil bewirken.

Im alten China unternahmen Paare zur Einleitung auf das Liebesspiel gemeinsam verschiedene Dinge. Sie schauten sich eine Theatervorstellung an, unterhielten sich beim Tee, gingen zusammen spazieren oder betrachteten gemeinsam Bilder. Derartige Aktivitäten wurden als wichtiger Teil des Vorspiels betrachtet, da sie die Gedanken, Gefühle und Empfindungen beider Partner aufeinander einstimmen, bevor es überhaupt zu Berührungen kommt. In unserer heutigen Kultur ist eine solche Einstimmungsphase von besonderer Bedeutung, da die meisten Paare ihren Arbeitstag getrennt voneinander verbringen.

Kennst du das größte Geschlechtsorgan der Frau? Es ist – die Haut. Durch Berührung der Haut kann man tief in die Seele der Frau vordringen. Es ist bewiesen, dass von lustvollen Berührungen eine ungeheure Kraft ausgeht. Sie können Stress abbauen und in manchen Fällen sogar Krankheiten heilen. Bestimmte Berührungen sorgen im Körper für die vermehrte Ausschüttung von Endorphinen, den so genannten Glückshormonen. Neue Lustempfindungen lassen sich durch Betonen oder Hinzufügen von neuen Stoffen hervorrufen. Versuche es mal mit Fell, Samt, Leder, Gummi oder hautenger Kleidung.

☯

Verwöhne den gesamten Körper deiner Partnerin einmal mit Küssen. Dies beginnst du am besten mit einem Bad, dem du ein ätherisches Öl (Jasmin, Lemongras, Lavendel, Patchouli, Rosenholz) beimischt. Dadurch ist deine Partnerin anschließend zum einen entspannt und zum anderen schon leicht angeregt. Sorge für ein warmes und gemütliches Zimmer mit gedämpftem Licht (Telefon ausschalten, rechtzeitig die Heizung hochdrehen, Kerzen für gedämpftes Licht und erotische Schatten, leise Musik, die beide erregend finden). Streiche zunächst mit den Händen sanft über die Stellen, die du küssen möchtest. Küsse dann mit Lippen und Zunge.

Es kommt auch sehr gut an, wenn man mit der Nasenspitze leicht über verschiedene Körperpartien fährt (zum Beispiel über die Wirbelsäule, das Gesäß, den Nackenbereich, den Hals oder den Bauch). Meide aber Stellen, an denen deine Partnerin kitzlig ist.

Wenn Ihr durch das Liebesspiel so richtig »aufgeheizt« seid und du es eigentlich kaum noch erwarten kannst, endlich in sie einzudringen, dann warte trotzdem noch ein Weilchen. Lass sie merken, dass du in sie eindringen *könntest*, dass du es aber vorziehst, sie noch zappeln zu lassen. Streichle vielmehr ganz sanft ihre Klitoris mit deinem Penis, bis sie dich bittet, endlich in sie einzudringen. Sage aber nein und stimuliere ihre Klitoris weiter sehr, sehr sanft. Es wird nicht lange dauern, bis sie dich wiederholt bittet, ihr deinen »Johannes« zu geben. Aber auch diesmal bleibst du konsequent und machst erst noch ein bisschen weiter, bis sie dich schließlich anfleht, ihn reinzustecken. Allerdings rammst du deinen Stängel nun nicht gleich bis zum Anschlag rein, da du selber schon kurz vor dem »Durchdrehen« bist, sondern lässt ihn nur etwa zwei Zentimeter hineingleiten und ziehst ihn dann wieder langsam heraus. Nun wird sie wahrscheinlich kurz vor dem Wahnsinnigwerden sein, aber sie wird es herrlich finden. Wenn du es noch aushältst, kannst du dieses Spielchen weiter spielen, in dem du ihn nun drei Zentimeter einführst und wieder langsam herausziehst, dann vier Zentimeter hineingleiten lässt und ihn langsam herausziehst, solange, bis er *fast* ganz in ihr verschwunden ist. Achte aber darauf, dass du nicht bis zum Anschlag in sie eindringst, da dies ihrer Klitoris einen Schlag versetzen würde.

Bedenke: Genuss muss man sich gönnen. Erst dann ist es möglich, vom üblichen »Schmalspur-Orgasmus« weg zu kommen, in eine neue Qualität zu gelangen und einen ganzheitlichen Orgasmus zu erleben. Der überwiegende Teil der Männer und Frauen lernt intensive Formen des Orgasmus gar nicht kennen. In sehr vielen Fällen wird sozusagen jahrein, jahraus die gleiche Nummer geschoben.

Mach ihr den ... Schmetterling

Sicherlich hast du schon einmal einen Schmetterling beobachtet, wenn er über eine Blumenwiese fliegt, um Nektar zu trinken. Es ist unmöglich, vorherzusagen, auf welcher Blume er sich niederlassen wird und wie lange er auf dieser verweilen wird, bis er zur nächsten flattert. Spiele nach diesem Muster mit deiner Liebsten ein Liebesspiel. Als Schmetterling dient dir dabei ein Kalligrafiepinsel (gibt es im Kunstmalbedarf) oder ein anderer weicher Pinsel, bei dem die weichen Borsten zu einer Spitze auslaufen. Deine Partnerin muss sich nackt und völlig passiv auf eine feste Unterlage legen. Verbinde ihr die Augen (sehr gut eignet sich auch eine schwarze Augenmaske), damit sie nicht sehen kann, wo der »Schmetterling« wahrscheinlich landen wird und in welche Richtung er weiterflattert. Setze nun mit der Pinselspitze an verschiedenen Punkten auf ihrem Körper auf, wobei du besonders auf die Berührung der »Genusspunkte« (die erogenen Zonen) achten solltest. Berühre die Haut mit dem Pinsel so, wie besagter Schmetterling flattert. Lass den »Schmetterling« zum Beispiel auf ihren Fußsohlen landen, dann zu den Knöcheln weiterflattern, von dort zu den Waden und zu den Kniekehlen. Nachdem der »Schmetterling« von dort gestartet ist, ist deine Partnerin in der Erwartungshaltung, dass er sich nun bestimmt zwischen ihren Schenkeln niederlassen wird. Aber er flattert auf den Rist eines Fußes. Von dort zum Beispiel weiter auf den Bauch, weiter auf den Hals, von dort in die Achselhöhlen und auf eine Brustwarze. Spiele dieses Spielchen mit dem »Schmetterling« und deiner Fantasie noch eine gewisse Zeit so weiter. Tauche nun den Pinsel in angewärmtes ätherisches Öl und sage deiner Partnerin, dass der Schmetterling weggeflattert ist und jetzt ein anderes, geschmeidiges Tier folgt. Umkreise mit den öligen Pinselborsten ihre Brustwarzen, bis sie sich langsam

aufrichten. Sage deiner Partnerin nun, dass du mit einer Feder weiter machst. Tausche den Pinsel gegen eine Pfauenfeder (erhältlich im Erotik-Versand), fahre mit dieser an den Seiten ihrer Brüste entlang, bewege sie zwischen diesen hin und her und fahre über Bauch und Bauchnabel über die Innenseite der Oberschenkel und die Schamlippen zur Klitoris. Ziehe mit deinen Händen die Schamlippen auseinander und spiele mit der Feder auf der Klitoris. Es sollte nun nicht mehr lange dauern, bis deine Partnerin zum Orgasmus gelangt.
Als ein weiteres Mittel zu Erregungssteigerung wird in der erotischen Literatur Indiens das Beißen oder Knabbern genannt. Bei der »Kralle-und-Juwel-Technik« wird zum Beispiel mit den oberen Zähnen und der Unterlippe zart gebissen. Du kannst auch ein Spiel daraus machen, den Körper deiner Geliebten mit einem Bindu Dashana zu verzieren (kleine Flecke, die durch Eindrücken mit den beiden Vorderzähnen entstehen) oder mit einer »Wolke« (ein großer runder Biss) oder einer »Linie aus Juwelen« (eng nebeneinander liegende Bisse).

Im indischen Tantra wird auch dass Kratzen mit den Fingernägeln im Liebesspiel angewandt. Dies erfordert allerdings eine besondere Kunst. Eine sorgfältige Pflege der Nägel ist dabei unerlässlich. Sie müssen sauber und glatt sein. Die Male, die dann noch Stunden später zu sehen sind, sollen die Erinnerung an das Liebesspiel vertiefen.

Fesselspiele

Fesselspiele können eine gute Methode sein, die sexuelle Lust zu steigern, da im Allgemeinen jede Einschränkung der Muskel- und Gefühlstätigkeit den sexuellen Erregungszustand erhöht. Die markanten Stellen, an denen das Fesseln dass Sexgefühl verstärkt, sind die Hand- und Fußgelenke, die Ellbogen, Fußsohlen, Daumen und die großen Zehen. Zur Fesselung verwenden lassen sich Leder- oder Gummiriemen, Bänder, Stoffstreifen und dicke Stricke. Auf Damenstrümpfe sollte verzichtet werden, da sie den Körper sehr schnell einschnüren und sich im Notfall weder schnell lösen noch rasch durchtrennen lassen. Handschellen funktionieren auch sehr gut und schnell, können aber mitunter Schmerzen verursachen. Obendrein ergeben diese nicht das fesselungstypische Gefühl des Zusammenpressens. Beachte jedoch folgende Sicherheitsvorschriften:

Auf gar keinen Fall darf etwas um den Hals geknüpft werden oder etwas Loses oder Weiches in den Mund gesteckt werden. Alle Knebel und Knoten müssen schnell lösbar sein. Die Fesselung sollte niemals so fest erfolgen, dass die Durchblutung abgeschnürt wird.

Damit Fesselspiele zur Luststeigerung beitragen, müssen sie zwar überzeugend sein, dürfen aber weder schmerzhaft noch gefährlich sein.

Cunnilingus

In der indischen Tradition ist Oralverkehr eine der lustvollsten Möglichkeiten zur Verwirklichung des Prinzips, dass eine Frau fast bis zum Orgasmus erregt sein soll, bevor der Mann in sie eindringt. Auch von den alten Chinesen wurde Cunnilingus sehr empfohlen. Sie schrieben dem »Trinken aus der Jade-Quelle« vitalisierende Kräfte zu.

Wenn du deine Partnerin mit Oralverkehr erfreuen willst, musst du dich ganz auf ihre Lust konzentrieren. Sage ihr gleich am Anfang, wie schön sie dort unten aussieht, und wie »scharf« dich ihr Geruch und Geschmack macht. Dies hilft ihr, eventuelle Hemmungen zu überwinden.

Männer, die schon das Vergnügen hatten, bei mehreren Frauen zu lecken, wissen, dass manche Muschi richtig lecker schmeckt, andere wiederum überhaupt nicht so toll. Das liegt daran, dass vaginale Ausscheidungen Milchsäure enthalten, die hilft, in der Vagina einen ph-Wert zwischen 4,0 und 5,5 zu halten. Dieser Wert ist notwendig, um unerwünschte Bakterien zu eliminieren. Da die meisten Seifen allerdings einen ph-Wert zwischen 5,5 und 13 haben, erhöhen diese unter Umständen den ph-Wert in der Vagina, was das natürliche System schädigt und zu einem leicht fischigen Geruch bis hin zu Infektionen führen kann. Aus diesem Grund ist es jeder Frau dringend zu empfehlen, die in Drogeriemärkten und Apotheken in letzter Zeit erhältlichen Spezialseifen »für die zarteste Haut des Körpers« – wie auf manchen zu lesen ist – zu verwenden.

Oft wird gesagt, dass der Geschmack des »Honig-Topfs« wie auch der der »Jadestange« durch die Ernährungsgewohnheiten bestimmt wird. Dies stimmt aber nur bis zu einem gewissen Grad. Vegetarier schmecken meist nach »nichts«, sofern sie sich von Knoblauch und Spargel fernhalten. Fisch- und Fleischesser riechen und schmecken dagegen etwas strenger, genauso wie Kaffeetrinker und Raucher.

Achte beim Cunnilingus – oder besser schon als Vorbereitung auf einen – besonders darauf, dass du glatt rasiert bist oder dein Bart so lang ist, dass du deiner Partnerin nicht die empfindliche Haut der Innenseite der Oberschenkel zerkratzt. Ob du ausreichend rasiert bist, stellst du am einfachsten fest, indem du dir mit der Innenseite eines Unterarms über das Kinn und die Wangen fährst. Wenn dann noch etwas piekst und stachelt, empfindet es auch deine Partnerin an ihren Oberschenkeln so. Bei einem »ungeplanten« Cunnilingus hilft es auch, wenn du dir deine leicht gewölbte Hand vor das Kinn hältst und eventuell ein Handtuch oder Kleidungsstück über ihre Oberschenkel legst, um sie vor deinen stacheligen Bartstoppeln zu schützen. Trägst du einen Bart oder Schnurrbart, der weich und ausreichend lang ist, dürfte er beim Cunnilingus die Oberschenkel und die Scheidengegend deiner Partnerin wahrscheinlich sogar kitzeln. Man sollte aber nicht vergessen, dass angenehmes Kitzeln und schmerzhaftes Pieksen mitunter dicht nebeneinander liegen. Mit ziemlicher Sicherheit wird dein Schnurr- und/oder Kinnbart auch für ein paar Stunden den Muschi-Duft behalten. Einem Cunnilingus-Liebhaber wird dies sicherlich sehr angenehm sein.

Wenn du denkst, dass deine Cunnilingustechnik noch nicht sehr gut ist, kannst du ganz einfach damit beginnen, ihr mit deiner Zunge die Buchstaben des Alphabets sorgfältig auf die »Himmels-Pforten« zu schreiben. Wenn du es gut machst, wirst du nie bei »Z« ankommen, weil sie dir vorher sagen wird: Jetzt steck »ihn« endlich rein …

Viele Männer machen speziell in der Anfangsphase des Cunnilingus den Fehler, die Klitoris direkt mit der Zunge zu berühren. Diese schnelle Berührung empfinden aber die meisten Frauen als unangenehm. Besser ist es – sozusagen als Vorspiel auf den Cunnilingus –, den ganzen Körper zu küssen und zu lecken. Dieses Vorgehen ist für den ausübenden Partner genauso wunderbar und erregend, wie für die empfangende Frau. Nachdem der küssende Mund auf seiner Reise über den Körper der Geliebten jeden nur erreichbaren Fleck aufgesucht hat, endet er schließlich an der Vulva. Nun kann dazu übergegangen werden, die Klitoris mit dem ganzen Mund zu stimulieren, dann etwas zu »züngeln« und danach wieder den Mund einzusetzen.

Ein Girl sagte mir einmal: Manchmal glaube ich, die Männer haben Angst, uns mit dem Mund zu nahe zu kommen. Sie stecken nur ihre Zunge raus und bleiben mit dem Mund auf Abstand. Dabei sollten sie lieber auch bei uns so saugen, wie wir es bei ihnen machen sollen. Ich glaube, deutlicher kann man es nicht sagen.

Einige Frauen möchten oben und an den Seiten der Klitoris mit einer etwas spitzeren Zunge geleckt werden und an der Klitorisunterseite lieber mit einer runden, weicheren Zunge. Schiebe beim Cunnilingus die Haut über dem Schambein mit den Fingern leicht nach oben, um besser an die Klitoris heranzukommen.

Nach dem Orgasmus solltest du übrigens mit deiner Zunge besonders vorsichtig umgehen, da die meisten Frauen dann an der Klitoris extrem empfindlich sind.

Denke daran, dass der Kitzlerbereich viel empfindlicher ist als jeder Teil des Penis und es sich deshalb nicht empfiehlt, ihn mit der rauen Haut der Finger zu reiben. Man kann zum Beispiel die Schamlippen als Druckmittel benutzen, um für eine angenehme Stimulierung ohne schmerzhafte Reibung zu sorgen. Wenn das Liebesspiel längere Zeit dauert, empfiehlt es sich, großzügig mit Gleitmitteln umzugehen.

Beim Cunnilingus solltest du nicht vergessen, dass die Klitoris trotz ihrer hohen Sensibilität ein recht kleines Organ ist. Ihr sichtbarer Teil, meist Kitzler-Eichel genannt, ist zwischen drei bis sieben Millimeter breit und zwischen vier und zehn Millimeter lang. Diese Maße treffen aber wohlgemerkt nur auf den sichtbaren Teil zu. Der Kitzlerschaft geht auch noch unter der Haut weiter. Viele Frauen empfinden auch einen heftigen Reiz, wenn der tastbare Teil dieses Schafts mit den Fingern stimuliert wird. Dieser etwa drei Zentimeter lange Teil ist nur von einer dünnen

Haut bedeckt, die sich auf- und abwärts bewegen lässt, ähnlich der Stimulierung des Penis von Hand, durch Bewegen der Vorhaut.

Mit der Zunge kann man nicht nur wie gewohnt lecken, sondern auch, indem man sie breit, spitz oder rund macht.

Bevor du zum Cunnilingus übergehst, kannst du zum Beispiel mit den Händen über die Leistengegend und die Außenseite der Schenkel deiner Partnerin streichen, ihre Beine und die Innenseite ihrer Schenkel beschnuppern und küssen. Mit zunehmender Erregung wird sie ihre Schenkel weiter öffnen. Kitzle sie nun etwas mit der Zungenspitze, danach berühre sie großflächiger und flacher mit der ganzen Zunge. Streiche nun mit deiner Zunge sanft über ihre kleinen Schamlippen und die Klitoris hin und her. Wenn du jetzt noch die Vorhaut der Klitoris zurückziehst und ganz sacht an der Spitze saugst, können die Empfindungen für deine Partnerin fast unerträglich werden. Wichtig ist, dass du hierbei sehr sanft vorgehst und die Zunge und die Klitoris mit deinem Speichel sehr feucht hältst, da die Klitoris ein sehr empfindliches Gebilde ist. Es genügt schon ein falscher Zungenschlag oder zu viel Reibung und die Erregung flaut ab.

Generell gilt es beim Zungenspiel an Vulva und Klitoris zu bedenken, dass die größte Erregung nur durch fortgesetzte und konzentrierte Reizung mit dem Mund zu erreichen ist. Da die Zunge jedoch rasch ermüdet, ist es besser, wenn ein Teil der Bewegungen von Mund und Lippen übernommen wird. Die Bewegungen werden dadurch auch kräftiger, besser kontrollierbar und damit wirksamer. Jede nur mögliche Unterstützung sollte die Zunge beim Cunnilingus natürlich auch von den Fingern und Händen erhalten. Zwischendurch machen sich auch ein paar sanfte Bisse in das Schambein oder die Innenseite der Oberschenkel ganz gut. Du kannst auch deine Nase kurzzeitig in der Scheide auf und ab, nach links und rechts sowie kreisend bewegen oder deine Nasenspitze gegen die Klitoris drücken und den Kopf schütteln.

Da eine Frau bei der Annäherung an den Orgasmus einen eigenen, sich langsam steigernden Rhythmus entwickelt, gilt es zu beachten, dass das Spiel nicht zu oft unterbrochen wird, da dann auch diese Erregung leicht abgebrochen werden kann. Man(n) muss dann mitunter ganz von vorn anfangen. Allerdings dauert es beim zweiten Mal meist nicht mehr so lange, den Höhepunkt zu erreichen. Bestimmt wird deine Partnerin auf dem Höhepunkt, kurz davor und unmittelbar danach das Empfinden haben, eine weitere Steigerung des wollüstigen Vergnügens nicht mehr ertragen zu können und deinen Kopf von sich wegdrücken. Du brauchst dir deswegen aber keine Gedanken zu machen. Viele Frauen tun dies, andere wiederum ziehen den Kopf des Mannes fester an ihr Möschen. Drückt deine Partnerin deinen Kopf in diesem Moment von sich, solltest du sofort mit den Fingern weiter machen, indem du die Klitoris sanft reibst oder zwischen deinen Fingern rollst oder einen Finger in die Vagina steckst. Das wird ihr einen so intensiven Orgasmus verschaffen, dass sie völlig »wegtritt«. Wenn deine Liebste sich während des Cunnilingus nicht schon von sich aus ihre Brüste und Brustwarzen streichelt, dann solltest du ihr dies auf jeden Fall empfehlen.

Eine Frau stößt auch gern kurz vor und während des Orgasmus Lustseufzer oder Lustschreie aus. Es ist für das Erleben eines intensiven Höhepunktes ungemein wichtig, diese Laute nicht zu unterdrücken, etwa aus falschem Schamgefühl oder der Nachbarn wegen. Nur, wenn eure Kinder durch diese Laute geweckt werden könnten, solltet ihr euch entsprechend zurückhalten, da sie diese Lustschreie als Angstrufe missdeuten bzw. mit einer Erregung konfrontiert werden, die sie noch nicht verarbeiten können. Am besten ist es, wenn die Kinder ein eigenes Zimmer haben, welches ein Stück vom Schlafzimmer der Eltern entfernt liegt. Ist dies in eurer Wohnung nicht möglich, dann ist es besser, euer Sex-Leben in ein anderes Zimmer zu verlegen. Da wir gerade bei Lustschreien sind: Hüte dich unbedingt davor, deiner Partnerin nach dem Sex zu erzählen, welche komischen Laute sie von sich gegeben oder welche lustigen Stellungen sie eingenommen hat. Sie findet dies garantiert nicht witzig und wird versuchen, sich das nächste Mal mehr »unter Kontrolle« zu halten. Das das dann nicht mehr zu fantastischen Orgasmen für sie führt, muss ich ja wohl nicht extra betonen. Vielleicht bekommt sie sogar vorerst überhaupt keine mehr, da sie beim Verkehr nur noch daran denkt, nicht wieder so »abzutauchen«.

Viele Frauen sind der Meinung, dass eine geschickte Zunge zwischen ihren Beinen Gefühle auslösen kann, die mit Fingern oder Penis einfach nicht zu erreichen sind. Ein wichtiger Grund, sich intensiv mit der Kunst des Cunnilingus zu beschäftigen!

Das wichtigste Gebot des Cunnilingus lautet: Falls es dir nicht wirklich Spaß macht, ihr Kätzchen zu lecken und zu schlecken, solltest du auf jeden Fall so tun, als ob du Spaß daran hast. Erweckt dein Lecken bei ihr nämlich den Eindruck, dass du ihr nur einen Gefallen tun willst, ruft dies bei ihr leicht Schuldgefühle hervor und wirkt als Lusthemmer.

Die meisten Frauen mögen es, wenn man ihre Schamlippen mit den Lippen fasst, an einer oder an beiden saugt und sie nach außen zupft. Dazu kann man die Lippen, die Zähne oder auch die Fingerspitzen benutzen, natürlich immer nur sehr sanft. Da im Laufe dieses Spiels die kleinen Schamlippen mitunter wie Schmetterlingsflügel zusammenklappen, empfiehlt es sich, zwischendurch einmal zwischen diesen hinaufzulecken. Eine Methode, die deiner Partnerin außerordentliches Vergnügen bereiten wird, ist folgende: Packe ihre Klitoris mit deinen Lippen, sauge sie dann durch kräftige, pumpende Bewegungen, auch der Wangenmuskeln, ein und lass sie wieder los.

Eine Variante beim Cunnilingus, die auf jeden Fall einmal ausprobiert werden sollte, ist folgende: Deine Partnerin legt sich mit den Hüften und den Beinen auf das Bett und lässt Kopf und Schultern über die Bettkante hängen. Schlecke du nun wie gewohnt an ihrer »köstlichen Auster«. Bestimmt wird dir deine Partnerin anschließend sagen, dass ihr ein lustvolles Erschauern durch den Körper gegangen ist und ihr fast die Sinne schwanden.

Beim Oralsex ist natürlich besonders darauf zu achten, dass beide ihren Körper sehr sauber halten. Während der Duft frischer Liebessäfte viele Menschen erregt, wirken muffige Gerüche ungewaschener Körperteile eher abstoßend. Überrasche deine Mausi daher schon im eigenen Interesse nicht nach einem anstrengenden Tag mit deinem Wunsch nach einem Cunnilingus. Sie wird darauf gewiss nicht eingehen. Nach einem entspannenden und erfrischenden Bad ist eine Frau dagegen viel eher bereit, ihrem Partner einen kleinen »Schleckerbissen« zu präsentieren.

Sage deiner Partnerin nach dem Cunnilingus noch einmal, wie herrlich sie geschmeckt und gerochen hat und küsse sie »zum Beweis« noch einmal.

Die K-Punkte

Nach den sensationellen Erkenntnissen von Herrn Kivin soll es möglich sein, durch Stimulierung der nach ihm benannten K-Punkte innerhalb von drei bis acht Minuten zu einem intensiven Orgasmus zu kommen. Diese K-Punkte liegen neben der Klitoris, etwa einen Zentimeter unter der Spitze. Als Kontrollmöglichkeit dient der C-Punkt, welcher genau zwischen Vagina und Anus liegt. Ziehen sich die Muskeln dort rhythmisch zusammen, bist du richtig. Für die Kivin-Methode sollte sich deine Partnerin flach auf den Rücken legen, du näherst dich am besten von der Seite. Lecke von K-Punkt zu K-Punkt, anfangs langsam, später schneller werden. Spürst du beim leichten Drücken auf den C-Punkt ein rhythmisches Zucken, machst du alles richtig.

Zungentraining

Mit etwas Training ist es möglich, die Zunge zu stärken und kontrollierter einzusetzen. Entspanne zunächst deinen Unterkiefer, öffne den Mund weit und stecke deine Zunge so weit wie möglich heraus und nach unten. Entspanne sie dann wieder völlig. Öffne nun den Mund leicht, lege die Zunge auf die Unterlippe, biege die Seiten nach oben, so als wenn du mit deiner Zunge ein Rohr formen möchtest und atme durch dieses Rohr sieben- bis zehnmal ein und aus.

Eine gute Übung, die du zur Speichelproduktion kurz vor einem Cunnilingus machen kannst, ist folgende: Rolle die Zunge im Mund nach hinten oder massiere mit der Zungenspitze den Mundboden. Du hast so immer genügend natürliches Gleitmittel zur Verfügung.

Zen des Fingerfucking

Beim »Fingerfucking« solltest du die Scham der Frau niemals »überfallenen«, in dem du gleich den ganzen Finger oder sogar mehrere hineinsteckst. Hier ist Beherrschung angesagt. Du machst sie viel heißer, wenn du zuerst nur das Fingerglied zwischen Nagel und dem ersten Knöchel hineinsteckst, damit vorsichtig Kreisbewegungen beschreibst und dann das Gewebe sanft reibst. Nach einer Weile kannst du den Einsatz erhöhen und den Finger vorsichtig bis zum nächsten Knöchel einschieben und etwas herumspielen. Wenn sie dir dann signalisiert, dass sie mehr will, kannst du den Finger ganz hineinstecken oder auch einen zweiten zu Hilfe nehmen oder den Finger vor und zurück bewegen.

Ein großer Fehler ist es, wenn Männer vergessen, auch beim »Zen des Fingerfucking« ein gewisses Maß an Humor einzusetzen. Es ist zum Beispiel tausendmal erregender, wenn deine Fingerspitzen an der Innenseite ihrer Oberschenkel kitzeln und tanzen sowie hinauf und hinunter wandern, als den Finger direkt in ihren Schoß zu stecken.

Viele Männer lassen den Venushügel ihrer Liebsten außer acht und wenden sich nur dem Kitzler zu. Die meisten Frauen macht es aber unheimlich heiß, wenn man mit den Fingerspitzen auf den Venushügel drückt und kreisende Bewegungen ausführt oder leicht mit den Fingerspitzen auf ihn trommelt.

Drücke die äußeren Schamlippen sanft zwischen je einem Finger deiner beiden Hände, indem du von der Klitoris in einem Abstand von einer Fingerbreite nach unten wanderst. Massiere dann das Perineum.

Der G-Punkt

Der G-Punkt wurde nach dem deutschen Gynäkologen Ernst Gräfenberg benannt, der den G-Punkt zum ersten Mal beschrieb. Er hat etwa die Größe einer Fingerspitze und befindet sich auf der vorderen Seite der Vagina, circa fünf Zentimeter vom Eingang entfernt. Viele Frauen müssen aber bereits erregt sein, bevor der G-Punkt so stark anschwillt, dass er ertastbar ist. Du findest ihn am einfachsten, wenn du in die ausreichend feuchte Vagina den Zeige- oder Mittelfinger einführst und mit diesem dann eine »Komm-her«-Geste machst. Wenn du den Finger zu dir krümmst, spürst du an der Rückseite des Schambeins eine kleine, runzlige, weiche Erhebung. Bedenke aber, dass der G-Punkt kein Knopf ist, den du nur zu drücken brauchst und schon geht in deiner Partnerin ein Feuerwerk hoch. Du solltest diesen schon sehr liebevoll und ausgiebig erforschen. Stimuliere diese Erhebung durch Antippen, Streicheln, kreisende Bewegungen oder sanftes Drücken. Achte aber immer auf die Reaktion deiner Partnerin, denn die Berührung des G-Punktes kann auch weh tun. Viele Frauen gelangen aber durch Berührungen des G-Punktes zu einem besonders intensiven Orgasmus. Manche Frauen scheiden sogar eine milchige Substanz aus, die man als Ejakulation der Frau bezeichnen kann, da es sich nicht um das übliche Vaginalsekret handelt und auch nicht um Urin. Also sei auch darauf gefasst, dass deine Partnerin während deines Fingerspiels das berühmte »O« bekommt. Auch hier gilt: Übung macht den Meister.

Das berühmte »O«

Untersuchungen haben ergeben, dass eine Frau einen vaginalen und einen klitoralen Orgasmus erleben kann. Beim ersteren werden Scheide und G-Punkt stimuliert und der Orgasmus wird tief im Körper wellenförmig erlebt. Der klitorale Orgasmus findet im Genitalbereich statt und wird durch Stimulierung der Klitoris hervorgerufen.

In der Poesie wird der Orgasmus oft auch als »der kleine Tod« bezeichnet. Diese Bezeichnung beruht auf der Erfahrung, dass einige Frauen während des Orgasmus tatsächlich das Bewusstsein kurzzeitig verlieren. Andere wiederum schließen bloß die Augen, atmen schnell und sagen nichts, empfinden den Orgasmus deshalb aber nicht weniger intensiv.

Es wird ja bekanntlich viel darüber geredet, dass die meisten Frauen ihren Männern oft einen Orgasmus nur vortäuschen, um ihnen das Gefühl zu geben, im Bett gut zu sein oder um nicht als frigide zu gelten (was allerdings tatsächlich nur auf sehr wenige Frauen zutrifft; die meisten werden einfach nicht ausreichend durch das Vorspiel »aufgeheizt«, um einen Orgasmus erleben zu können). Einige nur schwer vorzutäuschende Merkmale für den sexuellen Höhepunkt bei der Frau sind folgende:

Die Brust vergrößert sich, »die Nippel« richten sich auf und werden härter. Die Atmung wird kürzer und keuchender, der Blutdruck steigt an und der Puls beschleunigt sich stark. Sie streckt die Zunge heraus, küsst den Mann und umarmt ihn fest. Bei vielen Frauen bilden sich vor allem am Hals und auf der Brust rote Flecken. Typisch ist auch die Bildung von Schweiß auf der Oberlippe, der Stirn und den Handinnenflächen. Die Scheide fängt an zu pulsieren und das köstliche Nass beginnt zu fließen. Meist windet sich die Frau auch wie eine Schlange, wobei sie

Arme und Beine um den Mann schlingt und ihn überall berühren will. Da aber jede Frau ihre Erregung auf individuelle Weise zum Ausdruck bringt, musst du ihre Reaktionen im Laufe der Zeit erst kennen lernen.

Stellungen

Missionarsstellung

Die Frau liegt auf dem Rücken, der Mann dringt ein, während er über ihr liegt. Für viele Frauen führt diese Stellung allerdings nicht zum Orgasmus. Hilfreich ist mitunter das Unterlegen von einem etwas härteren Kissen unter die Pobacken der Frau. Eine stärkere Reizung der Klitoris ist auch möglich, indem du bei der Rückbewegung den Penis immer »nach oben« ziehst. Ungeeignet ist sie, wenn der Mann stark übergewichtig ist sowie in der Schwangerschaft.

Reiterstellung

Wenn deine Partnerin auf dir sitzt, kann sie die Tiefe der Penetration sowie Rhythmus und Geschwindigkeit ihrer Bewegungen besser lenken. Zudem kann sie die Klitoris durch Druck gegen dein Schambein stimulieren. Variieren lässt sich das Ganze noch, indem sie mit dem Gesicht zu dir gewandt oder mit dem Rücken zu dir »reitet«. Hat sie trainierte PC-Muskeln, kann sie dir durch vaginale Muskelkontraktionen fantastische Gefühle verschaffen.

Löffelstellung

Der Mann liegt mit gebeugten Knien eng hinter der Frau auf der Seite. Eine ideale Stellung, wenn die Frau schwanger oder der Mann sehr kräftig gebaut ist. Sehr viel Körperberührung, Streicheln der Brüste und der Klitoris ist möglich.

A tergo oder »von hinten«

Bei dieser Stellung stützt sich die Frau auf Hände und Knie. Der Mann dringt von hinten in sie ein und kann sie mit den freien Händen an den Brüsten und der Klitoris streicheln und sie so zusätzlich stimulieren. Einfacher ist es, wenn sich die Frau auf Händen und Knien am Bettrand abstützt und er hinter ihr steht. Dem Mann ist so eine bessere Stimulation der Klitoris oder des G-Punktes möglich, da er leicht in die Knie gehen oder sich auf Zehenspitzen stellen kann. Da bei dieser Position ein tiefes Eindringen möglich ist, sollte der Mann behutsam stoßen.

Manche Frauen mögen diese Stellung nicht, da sie denken »wir machen es wie die Tiere«. Fast alle Männer mögen sie aber, da ein schöner Frauen-Po nun einmal ein »Scharfmacher« ist (dies liegt sicherlich noch in unseren Genen aus der Urzeit).

Gespreizte Stellung

Sie spreizt ihre gestreckten Beine an seinen Lenden vorbei oder umschlingt mit gebeugten Knien seinen Rücken.

»69«

Kurz: Lecken und lecken lassen. Das Paar liegt so übereinander, dass er sie mit Cunnilingus verwöhnt und sie ihn mit Fellatio.

Tantra und Tao

Im Gegensatz zu den westlichen Ländern haben die Inder eine Vorliebe für hockende Stellungen, bei denen der Mann oder auch die Frau hockt, d.h. auf den Hinterbacken sitzt, und die Knie weit auseinander spreizt. Wenn man einigermaßen beweglich ist, dann bieten diese Stellungen mehrere Vorteile: Die Genitalien werden gut sichtbar und können so für einen zusätzlichen optischen Reiz sorgen, derjenige, der hockt, hat alles besser »unter Kontrolle« (eine Frau kann so zum Beispiel ihren eigenen Orgasmus und den des Mannes besser steuern) und beide können den Sex bewusster erleben, da diese Stellungen wacher halten als die »einschlaffördernden« Bauchstellungen.

Samapada Bandha

Die Frau liegt auf dem Rücken, hebt ihre Beine nach oben im rechten Winkel zum Körper, legt sie auf die Schultern des Mannes und umschlingt seinen Hals und Kopf. Ihre Yoni öffnet sich dabei weit, um sein Lingam zu umschließen. Diese Stellung bringt starken Kontakt und starke Reibung. Da der Mann bei dieser Stellung tief in sie eindringt, sollte zuerst behutsam versucht werden, ob die Yoni sein Lingam in ganzer Länge aufnehmen kann, sonst wird es für die Partnerin sehr schmerzhaft, wenn der Penis an den Muttermund stößt.

Nagara Bandha

Der Mann ergreift fest die Knöchel der Frau, öffnet ihre Beine und hebt sie bis zu seiner Taille hoch oder sie schlingt die Beine um seinen Rücken. Er sieht bei dieser Stellung schön, wie sein Phallus in ihren Tempel eindringt.

Indrani Asana

Dies soll nach der Legende die Lieblingsstellung der Göttin Indra gewesen sein. Die Frau liegt auf dem Rücken und öffnet ihre angezogenen Knie soweit wie möglich. Ihre Yoni wird dabei ganz bloßgelegt.

Sputhma Bandha

Die Frau liegt wieder auf dem Rücken, der Mann dringt in sie ein, hebt dann ihre Beine und drückt die Oberschenkel zusammen, sodass die Reibung erhöht wird und er das Gefühl hat, dass sie schön eng ist.

Bandara Asana

Die Frau kniet nieder und stützt sich auf ihren Ellenbogen und Händen ab. Er dringt von hinten sanft in sie ein. Mit seinen Händen greift er nach ihren Brustwarzen, streichelt ihre Pobacken oder stimuliert ihre Klitoris. Ganz nach Wunsch kann er stoßen oder auch ganz still verharren und spüren, wie ihre Yoni sein Lingam umfasst und einsaugt. Voraussetzung dafür ist natürlich, dass sie gut trainierte PC-Muskeln hat.

Viparata Asana

Dies war laut bengalischen Gemälden die Lieblingsstellung der Göttin Kali in der Vereinigung mit ihrem Gott Shiva. Die Frau liegt, nachdem sie sein Lingam eingeführt hat, auf dem ausgestreckten Mann und drückt ihren ganzen Körper eng an seinen. Sie kann ihre Beine zusammenpressen und sich vor und zurück bewegen, erst langsam und dann schneller und schneller und mit ihren Hüften kreisen, bis beide zum Orgasmus gelangen.

Shakti auf Shiva

Sie kann auch über ihm knien und ihm helfen, in sie einzudringen. Die Frau kann in dieser Stellung den Eindringungswinkel und die Stimulation der Klitoris bestimmen und den Orgasmus beim Mann hinauszögern. Der Mann kann aber auch seine Hüften auf und nieder bewegen und die Frau bleibt auf ihm passiv in der Reiterstellung.

Energie fließen lassen

Im Tantrismus und im Taoismus gibt es auch spezielle Stellungen, die dazu dienen, die Energie zwischen beiden Partnern besser fließen zu lassen. Ihr könnt Bauch an Bauch, Fußsohlen an Fußsohlen liegen, Hände halten und auch unterschiedliche Körperteile aneinander legen, zum Beispiel Brust an Füße, Hände an Füße, Hände an Genitalien oder Mund an Genitalien. Ihr müsst euch dabei nicht groß bewegen, es genügt, wenn ihr die Energien bewusst strömen lasst. Bleibt in der jeweiligen Position, solange bis das Gefühl der Verbundenheit nachlässt.

Liebes-Toys

Liebes-Spielzeug kann eine wertvolle Bereicherung für euer Liebesleben sein. An erster Stelle sind sicherlich die Vibratoren zu nennen. Die Auswahl ist heutzutage riesig. Es gibt sie in der klassisch glatten und geraden Ausführung aber auch gebogen, geriffelt, vergoldet, als Realistik Vibro, also dem männlichen Glied real in Größe, Aussehen und Struktur nachempfunden und dies auch noch in verschiedenen Hautfarben und Längen. Seit einiger Zeit auch aus Jelly-Material, das sich auch fast »wie echt« anfühlt. Weniger verbreitet aber ebenfalls sehr wirkungsvoll sind die aus Japan stammenden Liebeskugeln. Hierbei handelt es sich um hohle Kugeln aus Plastik oder dünnwandigem Messingblech, von denen meist zwei durch eine Schnur miteinander verbunden sind. In diesen Kugeln befinden sich kleinere, schwerere Kugeln. Werden die Liebeskugeln in die Scheide eingeführt, entstehen bei jeder Bewegung der Frau äußerst angenehm empfundene Vibrationen. Um damit einen Orgasmus auslösen zu können, bedarf es allerdings schon einiger bauchtanzartiger Bewegungen und Übung. In Japan und China werden diese Liebeskugeln von vielen Frauen aber auch zur Kräftigung der Scheidenmuskulatur getragen. Um die Kugeln nicht zu verlieren, ist es nämlich notwendig, ständig die Scheidenmuskeln anzuspannen. Sicherlich ein sehr angenehmes Training, das schon während des Trainierens durch die angenehme Stimulation belohnt wird.

Für Männer gibt es natürlich in genauso großer Vielfalt »Vibrating Pussys und »Seemanns-Bräute«, ebenfalls aus diversen Materialien und »Nationalitäten«.

Als weiteres Liebes-Toys wären natürlich noch Gleitmittel, farbige Kondome, Kondome mit Geschmack und Geruch, Handschellen sowie ein Fotoapparat oder eine Videokamera zu nennen. Es versteht sich von selbst, dass euer Liebes-Toys immer in greifbarer Nähe liegen sollte, damit ihr es bei Bedarf nicht erst holen müsst.

Natürlich könnt ihr auch ganz normale Alltagsgegenstände als Sexspielzeug verwenden, wie zum Beispiel Samt, Seide oder Satin, Federn, ein Federwedel, dicke, weiche Pinsel oder durchsichtige Haushaltsfolie. Auch Schlagsahne, Pudding, Salatblätter und Öle eignen sich hervorragend für erotische Spiele. Es sollten aber keine zucker- oder fetthaltigen Dinge in die Vagina gesteckt werden, da dies zu Infektionen führen kann.

Schmuck

Creolen (die großen orientalischen und spanischen Ohr-*Ringe*) können, wenn sie groß genug sind, um bei einer Kopfbewegung an den Hals zu stoßen, bei vielen Frauen eine erotische Erregung verursachen, verstärken oder länger aufrechterhalten. Also begeistere deine Liebste beim nächsten Einkaufsbummel oder Katalog-Shopping für diesen, nicht nur gut aussehenden, sondern (doppelt) gut tuenden, Ohr-Schmuck.

Sexy Wäsche

Dessous

Viele Frauen können sich auch heutzutage noch nicht so richtig mit schwarzen Spitzen-Dessous, Strapsen und Co. anfreunden. Sie glauben immer noch, wenn er sie gern in Strapsen sieht: »Er ist wohl nur in meine schwarzen Strapse verliebt und nicht in mich«. Daher an dieser Stelle mein Hinweis an die Damenwelt: Warum packt ihr ein Geschenk mit Geschenkpapier, Schleifchen, Dekorationen und viel Liebe ein? Doch auch, damit der Beschenkte sich schon über die Aufmachung freut, sieht, dass es mit Liebe eingepackt wurde und er daher höchstwahrscheinlich auch geliebt wird und er mit Spannung und ein gewisses Kribbeln ans Auspacken geht. Natürlich gilt das auch im umgekehrten Fall: Wenn eine Frau möchte, dass ihr Partner etwas Bestimmtes anzieht, zum Beispiel einen schwarzen String-Body oder Shorts mit einem Tiger-Muster, dann sollte sie es ihm auch sagen.

Transparente Stoffe verschleiern die Konturen des Körpers und wecken voyeuristische Begierden, die ja in jedem von uns stecken.

Strümpfe

Bei den Männern beliebt sind meist nicht die modernen Strümpfe, die es in jedem Supermarkt gibt, sondern die altmodischen Strümpfe mit Naht oder Strapse. Die modernen Strumpfhosen haben auf die Männerwelt nur eine erotische Wirkung, wenn sie ohne Höschen getragen werden.

Im Anhang sind einige Internet-Adressen aufgeführt, bei denen die verschiedensten Strümpfe und Strapse bestellt werden können.

Schuhe und Stiefel

Viele Männer werden durch hochhackige Schuhe (bekannt auch als High Heels) erregt.

Auch Over-Knie-Stiefel aus Leder oder Latex, meist in schwarz, rot und weiß zu haben, sind für fast jeden Mann ein Sexreiz. Wahrscheinlich, weil diese ein Kennzeichen der Prostituierten sind.

Adressen von Lieferanten befinden sich auch hier im Anhang.

Leder, Gummi und Korsetts

Auch Wäsche aus Leder und Gummi sowie Korsetts finden manche Menschen ungemein erregend. Sicherlich liegt das auch mit am Geruch, den diese Materialien ausstrahlen und an der Straffheit, mit der sie am Körper getragen werden. Die bevorzugte Sexfarbe ist schwarz.

Leder strahlt Dominanz und Unterwerfung aus; selbst fühlt man sich in Leder oft mächtiger und erotischer. Schwarzes, enges Glattleder wird sofort der S/M-Szene zugeordnet.

Leder-, Lack- und Latexbekleidung ist zwar nicht gerade billig, gibt dem Liebesspiel aber oft erst den richtigen Kick.

Bezugsadressen findest du im Anhang.

Verführung mit Düften

In zwischenmenschlichen Beziehungen läuft mehr als wir denken über die Nase. Nicht umsonst heißt es: »Den kann ich nicht riechen« oder »Die müssen sich erst mal beschnuppern«. Jeder Mensch hat seinen individuellen Körpergeruch, der von anderen meist nicht bewusst, aber über das Unterbewusstsein sehr wohl unbewusst wahrgenommen und sogar »abgespeichert« wird. Hier handelt es sich noch um unsere Urinstinkte, die unsere »tierischen Verwandten« noch heute beim gegenseitigen Beschnüffeln praktizieren. So werden anhand des »gemerkten« Geruchs Gruppenmitglieder und Fremde erkannt. Auch und besonders bei Liebesbeziehungen spielt der Körpergeruch eine große Rolle. Diesen kann man aber heutzutage mit Hilfe von Parfüms überdecken oder verändern. Auch in der Erotik läuft viel über den Geruchssinn, weshalb viele ätherische Öle die Lust beflügeln.

Es gibt eine Vielzahl von ätherischen Ölen. Einige von ihnen gelten als Aphrodisiaka, da sie Körper und Geist aufmuntern, zugleich aber auch beruhigen. Experimentiere mit deiner Partnerin mit verschiedenen Ölen, um herauszufinden, welche Mischungen euch in welchen Stimmungen am besten gefallen und macht euch davon gleich eine Vorratsmischung.

Ätherische Öle sorgen aber nicht nur für ein sinnliches Vergnügen, sondern haben auch ganz konkrete Wirkungen auf Körper, Seele und Geist. So wird der über die Nase aufgenommene Duft an das Gehirn weitergeleitet, konkret an das limbische System. Dieses steuert vermutlich das Unterbewusstsein und die Gefühle, ist am Erinnern beteiligt und beeinflusst das Zusammenspiel aller Körperfunktionen. Darin liegt auch erklärt, warum ein spezieller Geruch in unserem Körper spontane Erinnerungen und weit zurückliegende Gefühle weckt und warum Düfte unsere Gefühle beeinflussen.

Ätherische Öle verstärken gegenseitig ihre Wirkkraft und sind in den meisten Fällen unverdünnt zu intensiv. Deshalb sollte man konzentrierte Öle mit einem fetten Trägeröl verdünnen. Ätherische Öle gibt es aber oft auch schon verdünnt zu kaufen. Nimm als Trägeröl zum Beispiel Jojoba-Öl, Aloe-vera-Öl oder Mandelöl. Verwende zur Herstellung deiner eigenen Mischung am besten ein 5-ml-Braunglasfläschchen (gibt es in der Apotheke), dass du etwa zu zwei Drittel mit einem Trägeröl auffüllst. Tropfe nun die von dir ausgewählten ätherischen Öle dazu. In ein Körperöl solltest du nicht mehr als zwanzig Tropfen ätherisches Öl geben, in der Duftlampe oder im Vollbad reichen drei bis zehn Tropfen *insgesamt*. Zum Vermischen der Öle das Fläschchen nicht schütteln, sondern mehrmals auf den Kopf stellen oder zwischen den Handflächen rollen.

Da die ätherischen Öle im Gegensatz zu den Speiseölen schnell verdunsten, wenn Wärme, Licht oder Luft an sie gelangt, empfiehlt es sich, diese in einem fest verschlossenen, dunklen Glas in einem kühlen Raum aufzubewahren.

Ätherische Öle finden hauptsächlich in Duftlampen, als Massageöl oder im Vollbad Anwendung. Mit einer Duftlampe kannst du gezielt einen betörenden Duft ins Zimmer zaubern. Es gibt elektrische und mit Teelicht beheizte Duftlampen. Erhitze das Öl in der Duftlampe aber nicht über 55° C, da es sonst zu schnell verdunstet und Duft und Wirkung verändert. Fülle zuerst Wasser in die Verdunstungsschale, dann gebe das ätherische Öl dazu. Dosiere dabei sparsam, sonst wird der Geruch zu intensiv. Eine Bedunstung von ein bis zwei Stunden reicht normalerweise aus. Solltest du keine Duftlampe zur Hand haben, reicht auch ein Unterteller oder eine kleine Schale, mit heißem Wasser gefüllt.

Wenn du einem Vollbad ätherische Öle zusetzen möchtest, ist es erforderlich, die Öle zuvor mit einem Emulgator zu mischen. Die Öle sind nicht wasserlöslich und würden sonst auf der Wasseroberfläche schwimmen und die Haut reizen. Vermische daher drei bis acht Tropfen ätherische Öle mit einem Esslöffel Milch oder Honig und 50 bis 100 ml Sahne und gebe diese Mischung dann ins Badewasser (Wassertemperatur 35 bis 38° C).

Aphrodisiaka

Sehr oft verwendete ätherische Öle, mit aphrodisischer Wirkung sind:

Bergamotte – fruchtigfrischer Duft; wirkt beruhigend, entspannend, stimmungsaufhellend und stimulierend
Benzoe Siam – duftet balsamisch, vanillig; beruhigend, Geborgenheit und Wärme vermittelnd
Basilikum – duftet würzig; hat eine antörnende und stabilisierende Wirkung, wirkt anregend; die ätherischen Öle können vorrübergehend die Harnröhre irritieren und so eine Erektion verursachen
Grapefruit – frischer, spritziger, fruchtiger Duft; stimmungsaufhellend, erheiternd, anregend
Ingwer – würzigwarmer, leicht süßlicher Duft; erregt alle Sinne und fördert die Lust bei Mann und Frau
Jasmin – ein exotisch, sinnlicher Duft; hebt die Stimmung und gilt als einer der erotischsten Düfte; wirkt bei Männern und Frauen erotisierend und beflügelnd
Kardamom – ein asiatisches Gewürz; enthält reichlich ätherische Öle, die Kreislauf, Durchblutung, Nerven und Psyche stimulieren
Koriander – anisartiger, sinnlicher Duft; wirkt beruhigend und anregend zugleich
Kreuzkümmel – warmer, würziger Duft; kräftigend, durchblutungsfördernd, erotisierend
Lavendel – ein blumiger Duft, der anregt und entspannt
Limette – duftet zitronig frisch und wirkt stimmungsaufhellend, erheiternd und anregend
Muskatellersalbei – ein warmwürziges, leicht harzig duftendes Öl, das euphorisch stimmt und so auch Müdigkeit vertreibt

Neroli – duftet üppig blumig; löst innere Blockaden und hat eine leicht enthemmende Wirkung

Patchouli – ein orientalisches Aroma, wurde schon im Altertum als Aphrodisiaka verwendet

Pfefferminze – erfrischt nicht nur den Atem, sondern lindert auch Schmerzen (bei Kopfschmerzen ein paar Tropfen sparsam auf die Schläfen und die Stirn tupfen) und macht den Geist wach

Rose – ein berauschender, blumiger Duft; lindert Kopfschmerzen

Rosmarin – starker, harziger Duft; ist als Muntermacher bekannt

Sandelholz – süßholziger Duft; wirkt auf Männer und Frauen gleichermaßen anziehend

Tonka – orientalischer Duft; erotisierende, belebende Wirkung

Vetiver – duftet holzigbalsamisch; entspannt und regeneriert verbrauchte Energie

Weihrauch – würziges, holziges Öl; entspannt und hebt die Stimmung

Ylang-Ylang – ein sinnlichexotischer Duft, wirkt beruhigend und anregend zugleich

Empfehlenswerte Duft-Mixturen

Möchtest du jemanden verführen oder ihr wollt euch gegenseitig mal wieder so richtig verwöhnen oder neues Feuer in eure Partnerschaft bringen, dann können mit nachfolgenden Erotik-Mixturen neue Gefühle geweckt werden, die Lust auf mehr machen. Wählt die Düfte aber ggf. gemeinsam aus, damit ihr beide den Duft mögt. Verdunkelt am besten noch das Licht mit roten Tüchern (wirkt erotisierend!) und legt eure Lieblings-CD ein.

Weitere Duftmischungen findest du in den Büchern von Monika Werner (Buchtipps im Anhang), von der auch die folgenden Rezepte stammen.

Erotic Touch
Sinnlich, belebend, aktivierend:
(in das Trägeröl tropfen)
5 Tropfen Vetiver
3 Tropfen Koriander
1 Tropfen Kardamom
3 Tropfen Jasmin
6 Tropfen Ylang-Ylang
10 Tropfen Grapefruit

oder
sanfter, schmeichelnder
6 Tropfen Sandelholz
2 Tropfen Benzoe Siam
1 Tropfen Rose (Jasmin)
2 Tropfen Ylang-Ylang
8 Tropfen Limette

Davon 3 Tropfen in die Duftlampe geben bzw. 5 Tropfen ins Bad bzw. 12 Tropfen in 50 ml Basisöl für ein Massageöl.

Eros
Balsamischsinnlicher Geruch für Männer:
(in 50 ml Trägeröl tropfen)
1 Tropfen Rosenholz
1 Tropfen Vetiver
1 Tropfen Koriander
7 Tropfen Petit grain

Parfümrezepturen für Herren

Toskana
Würzige Frische für Männer:
(in 50 ml Trägeröl tropfen)
2 Tropfen Zypresse
2 Tropfen Wacholder
1 Tropfen Ingwer
2 Tropfen Lavendel
7 Tropfen Grapefruit

Embrance
Rasierwasser für Schmusetypen:
30 ml 90%igen Alkohol
70 ml Hamamelishydrolat
1 Tropfen Benzoe Siam
3 Tropfen Rosenholz
5 Tropfen Sandelholz
1 Tropfen Ylang-Ylang
7 Tropfen Limette

Attraction
Sinnlich, verführerisch:
30 ml 90%igen Alkohol
70 ml Hamamelishydrolat
1 Tropfen Benzoe Siam
7 Tropfen Sandelholz
3 Tropfen Rosmarin
1 Tropfen Mairose
5 Tropfen Limette
5 Tropfen Grapefruit

Parfümrezepturen für Damen

1001 Nacht
Ein Hauch von Exotik:
10 ml Jojoba-Öl
1 Tropfen Tonka
2 Tropfen Zimtrinde
1 Tropfen Kreuzkümmel
2 Tropfen Koriander
3 Tropfen Pfeffer schwarz
1 Tropfen Ingwer
3 Tropfen Ylang-Ylang
5 Tropfen Grapefruit

Sulamith
Ein verführerischer, balsamischsüßer Duft:
10 ml Jojoba-Öl
8 Tropfen Sandelholz
4 Tropfen Benzoe Siam
2 Tropfen Rose
2 Tropfen Jasmin
4 Tropfen Mandarine

Pflanzen mit aphrodisischer Wirkung

Auch vielen Pflanzen wird seit altersher eine aphrodisische Wirkung nachgesagt. Einige dieser Zauberpflanzen sind:

Guarana – ist eine Urwaldpflanze und enthält etwa fünfmal so viel Koffein wie Kaffee. Guarana wirkt daher stark aufputschend und sexuell stimulierend.

Kava-Kava – wirkt euphorisierend, entspannend und fördert erotische Fantasien.

Muira Puama – auch als Potenz-Holz bekannt, regt die Produktion und Ausschüttung von Sexualhormonen an.

Yohimbe – wird in Westafrika seit Jahrtausenden als Aphrodisiaka eingesetzt. Es kann sogar mehrstündige Erektionen auslösen.

Pfeffer und Gewürze, die Senföle enthalten, fördern die Durchblutung in der Genitalzone und rufen, wenn sie als Salbe aufgetragen werden, ein Brennen hervor, das zum Geschlechtsverkehr anregt.

Energy-Food

Ein wahres Power-Mineral ist *Magnesium.* Da es im Körper die Ausschüttung von Stresshormonen wie Adrenalin und Noradrenalin hemmt, sollte man täglich mindestens 300 mg Magnesium zu sich nehmen. Den Tagesbedarf decken in etwa: 70 g Sonnenblumenkerne, 230 g weiße Bohnen oder 50 g Weizenkleie. Da man so etwas allerdings bestimmt nicht jeden Tag essen möchte, gibt es auch Magnesiumtabletten in Drogeriemärkten und Apotheken (oft auch als Multi-Vitaminpräparat auf den Tagesbedarf des Menschen abgestimmt).

Da *Zink* auf die Keimdrüsen wirkt, führt ein Mangel an Zink auch zum Nachlassen der Lust auf Sex. Besonders, wer fiel unter Stress steht, sollte daher auf eine ausreichende Zufuhr dieses Minerals achten. Interessant ist sicherlich auch, dass sich im Ejakulat circa fünf Milligramm Zink befinden. Zinkpräparate gibt es im Handel.

Wichtig: Achte auf eine gesunde Ernährung und ausreichend Bewegung. Vitamine und Spurenelemente wirken auf das Nervensystem, Sport baut negativen Stress aus dem Berufsalltag ab, sodass du eine stärkere Libido und intensivere Orgasmen erleben kannst.

Nahrung und Gewürze

Kaffee macht wach und kurbelt Kreislauf und Durchblutung an. Er soll angeblich auch das Lustzentrum im Gehirn wecken. Serviere als Liebesmenü einen Kaffee mit einem Teelöffel Kardamompulver darin.

Schokolade macht glücklich, weil sie die Aminosäure Tryptophan enthält, die der Körper zu Serotonin, einem Glückshormon, umbaut. Serotonin erhöht die seelische Bereitschaft zur Liebe und intensiviert das Glücksgefühl beim Sex.

Sellerie ist eine Knolle, die es in sich hat. Nicht umsonst heißt er im Volksmund in manchen Gegenden auch »Geilwurz«. Neueste Forschungen haben ergeben, dass er auch geringe Mengen Pheromon enthält. Ein Grund, weshalb er auch die Damenwelt antörnt.

Vanille war früher in Klostern verboten. Der Grund: Man(n) wird davon scharf wie Nachbars Lumpi. Was scharf macht, ist der Geruch. Er ähnelt nämlich sehr dem des Sexuallockstoffs Pheromon und löst dadurch sexuelles Suchtverhalten aus. Ob man(n) will oder nicht, man geht ihr »an die Wäsche«.

In tantrischen Ritualen wird *Pfeffer* als Hauptbestandteil zahlreicher Liebesmixturen verwendet, um die sexuelle Erregung möglichst lange aufrechtzuerhalten.

Eine Mahlzeit kann eine gute Einleitung zum Liebesspiel sein. Das Liebesspiel sollte aber erst nach etwa einer halben Stunde begonnen werden, damit der Magen und der Kreislauf nicht zu sehr mit der Verdauung beschäftigt sind. Störend auf den Sex können sich allerdings schwere Mahlzeiten und übermäßiges Trinken auswirken. Vermeide eisgekühlte Getränke. Die eingenommenen Nahrungsmittel sollten zumindest Raumtemperatur haben, da der Körper die Speisen für die Verdauung erst auf seine eigene Temperatur bringen muss. Die Energie, die er dafür verbraucht, geht anderen Körperfunktionen verloren, so auch der Sexualität.

Sex und Gesundheit

Thema Potenz: Mit zunehmendem Alter kommen Erektionen weniger häufig vor und gehen auch schneller wieder zurück. Das ist einerseits unvermeidlich, andererseits liegt es aber häufig an Kreislaufproblemen. Ein Penis kann nur erigieren, wenn er mit ausreichend Blut versorgt wird. Es lohnt sich also auch in dieser Hinsicht, seinen Körper gesund und fit zu halten. Oft ist aber auch die eigene Psyche Ursache von Potenzstörungen. Viele Männer brauchen wahrscheinlich nur mehr Schlaf oder sollten versuchen, ihren Druck im Job oder im Familienleben zu verringern. Auch die Angst vorm Versagen im Bett führt oft zu Erektionsschwierigkeiten bei Millionen von Männern. Sexualtherapeuten raten hier, mit der Partnerin über diese Ängste zu sprechen. Dadurch wird ein gewisser Druck von der Seele genommen.

Sex hat auch eine therapeutische Kraft. So erkannten bereits die alten Chinesen, dass ein gesunder Körper nicht nur zu besserem Sex führt, sondern besserer Sex auch zu mehr Gesundheit für Körper und Seele. Die chinesische Medizin ist der Ansicht, dass die beste Vorbeugung gegen sexuelle und gynäkologische Probleme in häufigem Geschlechtsverkehr liegt. Es sollen dabei Techniken Anwendung finden, die zu einer Zunahme statt zu einer Abnahme an vitaler Energie führen. Forschungen in der westlichen Welt haben diese These bestätigt. Ein aktives Sexleben stärkt die Durchblutung des Gewebes im Penis und wirkt damit erektionsunterstützend. Des Weiteren wird die Produktion des Sexualhormons Testosteron erhöht, was wiederum den Lusttrieb verstärkt. Aber auch bei Frauen hat regelmäßiger Sex eine positive Wirkung. Studien haben gezeigt, dass sich eine unregelmäßige Periode stabilisieren kann oder während der Menopause auftretende Hitzewallungen abgeschwächt werden können. Nicht zu vergessen ist natürlich, dass Sex auch das Herzkreislaufsystem sowie das Immunsystem stärkt. Außerdem wird beim Sex die vermehrte Ausschüttung von Endorphinen, den so genannten Glückshormonen, angeregt. Diese opiumähnlichen Stoffe reduzieren das Schmerzempfinden und stimmen unseren Körper euphorisch. Wie bereits in vorangegangenen Abschnitten schon einmal erwähnt, kann Sex auch helfen, Spannungsgefühle und Stress abzubauen. All das gilt bereits für ganz normalen Sex. Du kannst dir also selbst ausmalen, zu welchen Ergebnissen dann außergewöhnlich guter Sex führen wird.

Fit for Sex

Selbst, wenn deine Zeit noch so begrenzt ist, nutze sie unbedingt für einen Ausgleich zum Trubel des Arbeits- und Familienlebens. Sorge daher für einen regelmäßigen Tapetenwechsel durch Urlaub, Freizeit, Sport und Spiel. Studien haben gezeigt, dass Sport außergewöhnliche erotische Energieschübe hervorruft. Versuchspersonen berichteten über zunehmende sexuelle Bedürfnisse und größere Befriedigung speziell nach Ausdauersport, wenn dieser regelmäßig betrieben wurde. Besonders geeignet sind Joggen, Power-Walking, Radfahren, Schwimmen und Aerobic. Sport stimuliert die innere Sekretion, lässt das Testosteron ansteigen und regt die Sexualhormone an, was wiederum die Libido und den Sexualtrieb verstärkt. Die durch den Sport gestärkten Herzgefäße und die Ausdauerfähigkeit der Muskeln führen obendrein zu weniger Erschöpfung nach dem Liebesspiel. Weiterhin entwickeln gestärkte Muskeln mehr Muskelfasern mit einer größeren Anzahl von Blutgefäßen im ganzen Körper. Dies bewirkt gemeinsam mit dem größeren Blutvolumen, das durch den Körper gepumpt wird, einen allgemein besseren Kreislauf. Da die Erregung bei Männern und Frauen von einem gut funktionierenden Kreislauf abhängt, sorgt die gesteigerte und effizientere Blutversorgung dafür, dass die Sexualorgane ebenfalls verstärkt durchblutet werden. Das erhöht ihre Fähigkeit, erigiert und feucht zu werden. Ausdauersport verstärkt auch die Ausschüttung von Endorphinen. Allerdings verhält es sich auch mit dem Sport, wie mit allen Sachen im Leben: Ein Zuviel schadet und kehrt die Auswirkungen um. Übertriebene sportliche Betätigungen führen zu Überanstrengungen, beeinträchtigen den Sexualtrieb und schwächen das Immunsystem.

Nicht zu vergessen ist auch, dass Sport, speziell Ausdauersport, beim Abnehmen hilft. Denn nicht zu vergessen ist auch, dass zehn Kilo zuviel auf den Hüften im Bett nicht beweglicher machen (außer zum »Runterrollen«). Neben gesteigerter Potenz, Ausdauer und Erlebnisfähigkeit im Bett hat Sport aber noch weitere Vorteile, wie zum Beispiel eine bessere Figur, frischeres Aussehen, mehr Ausgeglichenheit, eine höhere Stresstoleranz und der damit einhergehenden Erhöhung des Selbstvertrauens und des Körperbewusstseins, das dir hilft, ungezwungener auf einen Partner zuzugehen und unverkrampfter und lockerer im Bett zu sein. Am idealsten ist es, wenn du mindestens zwei- bis dreimal pro Woche circa eine halbe Stunde intensiv trainierst. Weniger bringt nicht nur 60%, 70% oder 80% Erfolg , sondern gar keinen. Sorry, aber das ist nun einmal so. Also sei diszipliniert und halte durch, denke an die Belohnungen (gemeint sind wirklich Belohnung*en*, wie oben schon erläutert), die du dafür erhältst. Wenn du durch deinen Job wenig Tagesfreizeit hast, wie die meisten Menschen in unserer Gesellschaft, dann kannst du auch in den Abendstunden trainieren. Nun denke nicht gleich, dass du dann »breit« bist und im Bett nichts mehr läuft. Ich garantiere dir, dass du verblüfft sein wirst, wenn du an dir beobachtest, wie du nach einer kurzen Erschöpfungsphase noch einmal richtig munter und fidel wirst und Lust auf Sex bekommst.

Aber nicht nur Sport ist für dein Wohlbefinden wichtig, sondern auch deine Haltung und dein Gang. Mache einmal folgenden Test: Lass deine Schultern nach vorne hängen, senke deinen Kopf etwas nach unten, sodass du beim Gehen kurz vor deine Füße blickst, sage mit weinerlicher Stimme: »Mir geht es gut«, und laufe so ein paar Schritte. Nimm jetzt eine aufrechte Haltung ein (Kopf hoch, die Schultern zurückziehen, Brust raus), Blick geradeaus, sage mit kräftiger, überzeugter Stimme: »Mir geht es gut«, und laufe so mit dynamischem Gang wieder ein paar Schritte. Ein Unterschied wie Tag und Nacht, stimmt's?! Hier wirkt das Gesetz: Wie innen, so außen. Das besagt, wie du dich im Innern fühlst, das strahlst du auch aus. Dieses Gesetz kann man aber auch umkehren und zu seinem Vorteil benutzen, wie du im eben gemachten Test schon unbewusst festgestellt hast. Indem man sich äußerlich nämlich so gibt, wie man innerlich gern sein möchte. Dadurch lässt sich schlechte Laune bessern und sogar Schmerzen lindern und die anderen Menschen werden dir viel freundlicher begegnen. Probiere es bei Gelegenheit aus!

Ein Mensch macht pro Tag etwa 20.000 Atemzüge. Die meisten Menschen atmen allerdings nicht richtig. Es ist sicherlich einleuchtend, dass 20.000 Mal pro Tag falsch geatmet nicht ohne Folgen für unsere Gesundheit bleiben wird. Und dies ist auch tatsächlich so. Wir atmen oft flach und unregelmäßig und nehmen so zu wenig Sauerstoff auf. Dadurch sinkt wiederum unsere Körperenergie ab, es sammeln sich Stoffwechselgiftstoffe im Körper an und unser Immunsystem wird anfälliger für Krankheiten. Richtige Atmung beginnt bereits mit der richtigen Haltung. Achte daher darauf, dass beim Sitzen, Stehen oder Liegen die Wirbelsäule gerade ist, die Schultern entspannt sind und Kopf und Hals eine gerade Linie bilden. Atme bewusst durch die Nase ein und aus. Die Luft wird dadurch gefiltert und vorgewärmt, bevor sie in die Lungen gelangt.

Nach alter chinesischer Tradition beruht unser Universum auf zwei gegensätzlichen, sich aber ergänzenden Prinzipien, genannt Yin und Yang. Ein stressiger Tag verlangt danach nach Ruhe, spannungsgeladenes Arbeiten ruft nach einer Tätigkeit, die diese angestauten Energien wieder abbaut.

Liebestropfen und Liebespillen

Im Erotik-Versandhandel und in Apotheken gibt es ein reichhaltiges Sortiment an Pillen, Pülverchen und Tropfen, die den Mann »immer bereit« machen sollen und die Frauen willenlos. Am bekanntesten ist sicherlich die »Spanische Fliege«, ein freiverkäufliches Potenzmittelchen, das allerdings mehr die Einbildung erregt als den Dödel, so nach dem Motto: Einfach fest an die Wirkung glauben, dann steht er auch tatsächlich wieder strammer.

Seit kurzem gibt es auch das blaue Wunder aus der Retorte: Viagra. Dieser Hightech-Antörner war ursprünglich ein Herzmittel, Befragungen der männlichen Patienten ergaben aber eine tolle Nebenwirkung: Wo sich lange nichts regte oder nicht mehr viel, da kam es seit Einnahme des Herzmittels auf einmal auch wieder zu länger anhaltenden Erektionen. Bekannt geworden sind aber auch schon Nebenwirkungen, die nicht so rosig klingen, nämlich sogar Todesfälle. Es ist also auf jeden Fall eine eingehende Beratung des Hausarztes zu empfehlen und von preisgünstigen Internet-Angeboten abzuraten.

Lifestyle-Medizin

Die sicherlich bekannteste Lifestyle-Medizin ist wohl Viagra®. Der Pfizerkonzern hat zwar immer beteuert, dass es sich bei dieser Pille um ein Medikament zur Behandlung einer Erkrankung, nämlich der Impotenz des Mannes, handeln würde und wies eine Wirksamkeit bei »normal potenten« Männern weit von sich. Aber auf Grund von zahlreichen Presseberichten, nach denen »die blaue Wunderpille« auch bei normaler Potenz zur merklichen Steigerung der sexuellen Leistungskraft führt, ist Viagra® auf dem Weg, zur Nummer eins der Lifestyle-Medizin.

Ein anderes aber ähnliches Thema der Lifestyle-Medizin stellt die hormonelle Substitutionstherapie beim alternden Menschen dar. Frauen werden schon seit Jahren mit Östrogenen behandelt, bei alternden Männern wurde das schleichende Hormondefizit erst in den letzten Jahren entdeckt. Von verschiedenen Pharmakonzernen wurde daher ein Hormonpflaster entwickelt, aus dem über die Haut das fehlende Testosteron aufgenommen werden kann, damit es mit der Mannes- und Leistungskraft wieder bergauf geht. Eine weitere Lifestyle-Medizin ist Retin-A®. Diese Vitamin A-säurehaltige Creme dient als Medikament zur Aknebehandlung der Pubertierenden und als Lifestyle-Droge zur Faltenglättung bei den älteren Semestern.

Der Renner in den Supermärkten der USA ist ein Hormon namens DHEA. Da Forschungen gezeigt haben, dass DHEA bei bestimmten chronischen Erkrankungen wie Diabetes und Rheuma sowie bei manchen Krebserkrankungen deutlich erniedrigt ist, vermutet man positive Einflüsse von DHEA auf das Immunsystem. Des Weiteren wird DHEA auch eine Schutzfunktion für die Nerven nachgesagt. Man spekuliert deshalb damit, dass durch eine regelmäßige DHEA-Einnahme das allgemeine körperliche und geistige Aktivitätsniveau angehoben und die Gedächtnisleistungen verbessert werden. Darüber hinaus soll DHEA auch den Fettaufbau hemmen und das Schlankbleiben bzw. -werden durch dieses Hormon leichter fallen. Auf Grund dieser eben genannten Eigenschaften von DHEA werden ihm auch positive Einflüsse auf die Potenz und das Sexualleben nachgesagt.

Eine Studie über Schutzwirkungen gegen freie Radikale besagt, dass Vitamin E das Altern verlangsamt, da es unseren Körper gegen den Angriff von aggressiven Sauerstoffverbindungen schützt.

Seit kurzem ist auch eine Pille gegen den Haarausfall des Mannes auf dem Markt. Propecia® ist der Handelsname das Präparats. Bei vielen Patienten, die den in Propecia® enthaltenen Wirkstoff Finasterid zur Behandlung von Prostatawucherungen einnahmen, wurde als Nebenwirkung beobachtet, dass an kahlen Stellen auf deren Kopf plötzlich wieder Haare wuchsen. Die Wirkung hält allerdings nur solange an, wie die Lifestyle-Medizin auch eingenommen wird. Und diese ist nicht ganz billig.

Damit man(n) durch seine grauen oder grau melierten Haare nicht schon zehn Jahre älter aussieht, als man ist, wurde in den Laboren von Schwarzkopf intensiv geforscht. Nach zehn Jahren Forschung hatten die Experten eine einzigartige Formel entwickelt, mit der ohne Haarschädigung wieder nach und nach die ursprüngliche Haarfarbe aufgebaut wird. POLY RE-NATURE *Crème* heißt das innovative Produkt.

Die lieben Hormone

Endorphine sind die körpereigenen Schmerzkiller, oft auch als körpereigene Glückshormone bezeichnet. Von ihrer Wirkung her kann man sie mit Opium oder Morphium vergleichen. Eine verstärkte Ausschüttung von Endorphinen erreicht man zum Beispiel durch Sporttreiben (Ausdauerlauf mindestens dreißig Minuten, Fahrradfahren mindestens eine Stunde, Krafttraining mindestens dreißig Minuten) aber auch durch einen »Kick«, wie beim Bungeejumping, beim Fallschirm-Springen oder beim Eisbaden.

Auch das Hormon *Serotonin* stimmt uns heiter und gelassen. Eine Anhebung des Serotoninspiegels im Blut ist durch das Essen von Schokolade möglich, da diese die Aminosäure Tryptophan enthält, die unser Körper zu Serotonin umbaut.

Als das Liebeswunder des Jahrhunderts wurde vor Jahren der Botenstoff *Phenylethylamin (PEA)* bezeichnet. Es ist ein körpereigenes Aufputschmittel, das bei frisch Verliebten im Gehirn als zentraler Botenstoff dient. Nach ungefähr drei Jahren sinkt der Wert von PEA dann stark ab. Warum dies so ist, konnte die Wissenschaft noch nicht klären.

Testosteron sorgt beim Mann für die Entwicklung der Geschlechtsmerkmale (Behaarung, Penis, Hoden, Prostata, tiefere Stimme, stärkerer Körperbau als bei der Frau), macht Appetit auf Frauen und sorgt mit dafür, dass er im »entscheidenden Moment« einen »Ständer« bekommt. Ist dieser Hormonspiegel im Blut zu niedrig, lassen auch »Wollen« und »Können« stark nach. Ähnliches passiert in den »Wechseljahren des Mannes«, wenn nämlich ein größerer Teil des Testosterons in das weibliche Sexualhormon Östrogen umgewandelt wird. Ist mehr Östrogen als Testosteron vorhanden, ist »tote Hose« angesagt, obendrein kommt es zur Verweiblichung des Körpers (nachlassender Bartwuchs, Brustbildung).

Testosteron befindet sich übrigens auch im Körper der Frau, aber in wesentlich geringerem Anteil als beim Mann. Wird dieser Anteil künstlich erhöht (Dopingmittel im Leistungssport), werden Frauen »männlicher« (tiefere Stimme, stärkere Körperbehaarung, Vermehrung der Muskelmasse, gesteigerter Geschlechtstrieb). Es ist aber auch möglich, den Testosteronspiegel im Blut ganz natürlich etwas anzuheben, indem man Sport treibt und/oder wenigstens dreimal pro Woche Sex hat bzw. »selbst Hand anlegt«.

Zur Verringerung der Testosteronmenge kann es zum Beispiel durch Stress, übermäßigem Alkoholgenuss und bei Frauen auch durch Einnahme der »Pille« kommen.

Den Orgasmus hinauszögern

Das wichtigste, was ein Mann seiner Partnerin während des Liebesakts geben kann, ist Zeit. Nur, wenn der Zeitpunkt des männlichen Höhepunkts hinausgezögert wird, erreicht auch die Frau tiefe Befriedigung und einen intensiven Orgasmus. Aber auch für den Mann führt das lange Hinauszögern zu einem stärkeren Orgasmus und zur vermehrten Ausschüttung von Endorphinen und es stellt sich ein außergewöhnlich tiefes Gefühl von Wohlbefinden ein.

Es gibt verschiedene Möglichkeiten, den Orgasmus hinauszuzögern. Da die Ejakulation ein unwillkürlicher Reflex ist, hat der Mann mehr Möglichkeiten zur Kontrolle, wenn er langsam und flach stößt. Er spürt so besser, wann er sich dem entscheidenden Punkt nähert, kann sich ganz oder teilweise zurückziehen oder eine Pause machen.

Wenn du trainierte PC-Muskeln hast (das sind die, die du auch benötigst, um beim »Pieseln« den Strahl anzuhalten), kannst du kurz vor dem »Finale Grande« den Penis so weit zurückziehen, dass er nur noch etwa drei Zentimeter in der Liebesgrotte steckt. Dann spannst du die PC-Muskeln an und zählst bis neun. Es ist auch möglich, die PC-Muskeln neunmal schnell hintereinander anzuspannen. Du kannst so einen Orgasmus regelrecht wegdrücken und bekommst obendrein auch eine stärkere Erektion. Mach dann mit flachen Stößen weiter. Mit einer gut trainierten Beckenbodenmuskulatur ist es obendrein möglich, den Penis in der Vagina nur durch das Zusammenziehen und Entspannen der Muskulatur leicht zu bewegen, was die Lustgefühle bei der Partnerin verstärkt.

Eine weitere Möglichkeit, den Orgasmus hinauszuzögern, ist die, sich zu entspannen und auf die Empfindung zu konzentrieren. Zum Hinauszögern eignen sich auch Stellungen, bei denen die Frau oben ist und den aktiven Part übernimmt, da es dir dann möglich ist, deinen gesamten Körper besser zu entspannen und die Stimulation von der Frau gelenkt wird.

Wenn du deine Ejakulation hinauszögern willst, aber spürst, dass du gleich »kommst«, solltest du nur noch flach und langsam stoßen. Dadurch reibt bei den Bewegungen des Penis nur die relativ unempfindliche Oberfläche des Penis. Der Penis aber bleibt mit der hoch empfindlichen Klitoris deiner Partnerin in Kontakt, wodurch diese stärker stimuliert wird, während deine Erregung langsam absinkt. Wenn diese Technik nicht hilft, kannst du deinen Penis auch ganz herauszuziehen, bis deine Erregung etwas abgeklungen ist. Stimuliere deine Partnerin weiterhin mit den Fingern, bis du wieder in sie eindringen kannst.

Eine Ejakulation lässt sich auch verhindern, indem du mit Zeige- und Mittelfinger kurz vor dem »Abschuss« fest (aber nicht zu fest!) auf das Perineum (siehe Anhang) drückst. Der Druck auf diesen Bereich zwischen Hodensack und Anus stoppt die Kontraktionen, die den Samen ausstoßen.

Die Sexualtherapeuten Masters und Johnson führten eine Methode ein, mit der eine Ejakulation noch im letzten Moment zu stoppen ist. Wenn du spürst, dass »es« gleich soweit ist, ziehe den Penis ganz heraus und drücke an der Peniswurzel oder am Übergang vom Schaft zur Eichel kräftig. Lege dazu den Daumen auf die Vorderseite und den Zeige- und Mittelfinger auf die Rückseite des Penis. Der Ejakulations-Reflex wird so unterdrückt.

Es versteht sich von selbst, dass oben genannte Übungen nicht immer sofort funktionieren werden. Auch diese erfordern Geduld und Übung.

Entspannungstechniken

Einige Minuten tiefer Entspannung können mehr bringen als stundenlanger unruhiger Schlaf. Dazu ist es am besten, wenn du dich flach auf den Rücken legst. Am idealsten ist dabei die so genannte Totenstellung, bei der man sich mit leicht geöffneten Beinen auf den Rücken legt und die Arme nach außen dreht, sodass die Handflächen nach oben zeigen. In dieser Position ist es möglich, jede Muskelgruppe vom Kopf bis zu den Zehen anzuspannen und wieder zu entspannen.

Nachdem du die Muskeln entspannt hast, kannst du dich auf die Atmung konzentrieren. Schließe die Augen, vergesse alle Ängste und Sorgen. Stelle dir dann schwarz vor und zwar nur schwarz an sich also nicht das Universum oder einen schwarzen Raum, sondern wirklich einfach nur schwarz. Wenn du dies intensiv machst und wirklich völlig loslässt, wirst du merken, wie dein Geist ruhig wird und dein ganzer Körper entspannt. Gönne dir für diese Entspannung täglich zwanzig Minuten und du wirst dich danach erfrischt, jünger, entspannt und energiegeladen fühlen. Am idealsten wäre es, wenn du diese Entspannungsübung nach dem Mittagessen durchführen könntest, da die meisten Menschen nach dem Mittagessen ein Energietief haben. Ich weis allerdings selbst, dass sich diesen Luxus in der heutigen Gesellschaft kaum jemand leisten kann. In einigen Teilen in China und den mediterranen Ländern wird aber eine derartige Siesta gehalten.

Ähnlich, wie durch diese Entspannungstechnik der gesamte Körper relaxen kann, so ist es auch möglich, durch gemeinsame Entspannung beim Liebesspiel die euphorische Energie mit dem Partner zu genießen und in völlig neue Sphären des Sex vorzustoßen.

Ab und zu »abschalten«

Gerade, wenn du gestresst bist und dich in Gedanken nur mit deinen Problemen beschäftigst, ist es wichtig, dir ein paar Minuten Pause zu gönnen. Halte daher immer wieder einmal inne und sehe, spüre, rieche und höre, was um dich herum los ist. Sorge dafür, dass immer etwas da ist, was deine Sinne erfreut. Gestalte dein Umfeld mit Dingen, die dir Freude machen und die deine Stimmung heben. Schaffe dir vor allem auch am Arbeitsplatz (d)eine Wohlfühlatmosphäre. Überlege, was dir Kraft gibt und dich zum Lächeln bringt. Dies kann ein Cartoon sein, eine Comic-Figur oder auch etwas ganz Unauffälliges, dessen Bedeutung nur du kennst, damit niemand lästern kann.

Farben wirken auf unsere Gefühle

Gelb hellt die Stimmung auf und sorgt so für gute Laune.
Blau beruhigt und entspannt (daher gut als Bettwäsche).
Rot wirkt dynamisch und gibt Energie (das sieht man ja an den Stieren in der Arena).
Grün symbolisiert Frische, Lebendigkeit und Wachstum. Umgebe dich mit Pflanzen! (Heutzutage gibt es fast jede »Pflanze« auch für »Nicht-Gießer-Typen«; bei Platzmangel tun es auch Fotos oder Bilder von Blumen und Bäumen).
Orange macht wach und aktiv (jeder Kraftfahrer weis, die orangefarbenen Straßendienstfahrzeuge sind wahre Muntermacher).
Welche Wirkung *hellblau* auf uns hat, ist vom strahlend-blauen Himmel bekannt.
Rosa versetzt uns in eine sinnliche Stimmung (wahrscheinlich, weil wir Männer dabei an die zartrosa »blühenden« Möschen denken).
Weiß schafft Klarheit in Gedanken und Räumen und strahlt Seriosität (weiße Hemden) und Sterilität (Ärztekittel) aus.

Gegen ein Stimmungstief hilft oft, den Raum, in dem man sich befindet, für circa eine viertel Stunde mit einer gelben Glühbirne zu beleuchten.

Speziell für Frauen

Einen Partner finden

> Die Frauen, von denen die Männer meinen, sie seien ihnen in den Weg gelaufen, haben sich ihnen in den meisten Fällen in den Weg gestellt.
>
> *Graff*

Wenn du darauf warten willst, bis »Er« zufällig in deiner Nähe ist und dich zufällig auch noch sexy findet, wirst du ewig warten. Du musst schon dafür sorgen, dass er auf dich aufmerksam wird und dir ins Netz geht. Die Devise lautet daher – wie so oft im Leben – : Ergreife selbst die Initiative! Begebe dich so oft wie möglich unter Menschen, bevorzuge natürlich die Jagdgebiete, in denen hauptsächlich Männer anzutreffen sind. Diese treffen sich ja bekanntlich nach der Arbeit oder dem Sport noch auf »eine kühle Blonde« in In-Lokalen, Cafés und Bars. Restaurants sind ungeeignet, da sich hier fast nur Pärchen hinbegeben. Möchtest du nicht gern allein weggehen und deine Freundin hat keine Lust, dich auf deinen »Jagdzügen« zu begleiten, dann tue einfach so, als wenn du mit einer Freundin verabredet bist. Schaue dich im Cafe oder In-Lokal nach einem »Opfer« um und setze dich dann an die Bar (nicht in irgendeine dunkle Ecke!) oder noch besser in die Nähe deines auserwählten Opfers und bestelle dir ein Glas Wein oder einen Cappuccino. Dann sehe von Zeit zu Zeit auf deine Uhr und die Tür, ob »deine Freundin« nicht bald reinkommt. Untermale das Ganze noch, indem du zu dir selbst sprichst: »Wo bleibt sie nur?« Hat er auch an dir Interesse, wird er dich sicherlich bald fragen, ob du auf jemanden wartest. Du antwortest dann natürlich, dass du mit deiner Freundin verabredet bist, sie aber allen Anscheins nach wohl nicht mehr kommen wird. Der Flirt kann beginnen!

Ein perfektes Opfer für Frauen ist oft der maskuline Mann. Du solltest dich daher niemals von einem vordergründig aggressiv wirkenden Mann abschrecken lassen. Oft versteckt sich hinter einem schroffen Äußeren ein Mann, der sich nach Zuneigung verzehrt. Hast du erst einmal seine Emotionen im Griff, ist es leicht, seine Aggression umzukehren und aus ihm deinen Sklaven zu machen. Andererseits sei vorsichtig, wenn ein Mann gleich zu Anfang die Leidenschaft in Person zu sein scheint. Dahinter verstecken sich oft Unsicherheit und Ichbezogenheit.

Wenig fruchten werden deine Verführungsversuche bei Männern, die all zu sehr in ihr Geschäft und ihre Arbeit vertieft sind. Diese haben im Kopf einfach keine Leerstelle frei, die du besetzen könntest.

Zeige deine Reize

Nur sehr wenige Menschen – Frauen wie Männer – sind »von Natur aus schön«. Obendrein lässt sich über das, was schön ist, streiten, da die Geschmäcker unterschiedlich sind. Die Devise lautet daher, der Natur etwas nachzuhelfen und unser Äußeres vorteilhaft zur Geltung zu bringen. Experimentiere daher mit neuen Frisuren, Make-up, einer veränderten Garderobe und verschiedenen Accessoires. Denke jedoch vor bleibenden Veränderungen an deinem Körper, wie Tätowierungen, Silikonimplantaten oder schönheitschirurgischen Eingriffen, daran, dass du diese Veränderungen hauptsächlich für dich selbst machst und nicht nur, um deinem Partner zu gefallen. Denn: Ob eure Partnerschaft »für immer« hält, weist du nicht, die Veränderungen bleiben aber auf jeden Fall für immer bzw. lassen sich nur mit einem chirurgischen Eingriff wieder rückgängig machen.

In der heutigen Zeit des Makellosigkeitskults leistet Make-up beeindruckend viel. Die neuesten Raffinessen aus den Hightech-Labors sind Verführung pur. So gibt es Make-ups, die auch nach längeren Job-Meetings, Dates oder intimeren Angelegenheiten nicht vom Gesicht »flüchten«. Wichtig bei der Anwendung dieser besonders haltbaren Make-ups ist, dass sie sehr zügig auf der Haut verteilt und möglichst nur in einer Schicht aufgetragen werden. Aufgrund der Inhaltsstoffe lässt sich eine zweite Schicht nur sehr schwer verteilen. Ebenfalls toll: Make-ups mit holografischen Eigenschaften. In diesen lassen dreidimensionale Pigmente den Teint fast makellos erscheinen. Möchtest du bei grellem Tageslicht genauso gut aussehen, wie abends bei gemütlichem Kerzenschein, dann solltest du Make-up mit lichtsensiblen Pigmenten verwenden. Diese Pigmente können je nach den Lichtverhältnissen leicht nachdunkeln oder heller werden und lassen so die Haut immer perfekt aussehen. Anti-Aging-Make-ups schaffen eine optische Glättung der Fältchen durch die darin enthaltenen lichtstreuenden Partikelchen. Zusätzlich sind in diesen meist Wirkstoffe eingebaut, die die Produktion körpereigener Glattmacher (Kollagene, Lipide, Hyaluronsäure) ankurbeln.

Hast du dich bisher noch nicht so richtig an Make-up herangetraut, dann versuche es zunächst mit einem so genannten Kompakt-Make-up. Diese Mixtur aus Puder und Make-up lässt sich ganz unkompliziert mit einem Schwämmchen hauchdünn über das Gesicht verteilen.

Ideal, um den Augen im Nu ein wenig mehr Ausdruck zu verleihen, sind Mascara (Wimperntuschen). Wenn du viel Sport treibst sowie im Hochsommer, solltest du allerdings eine wasserfeste Mascara wählen. Wichtig bei der Verwendung von Mascara: Abends muss die Mascara runter, sonst könnten die starren Wimpern auf dem Kopfkissen abbrechen.

Super für den Abend mit Aufmerksamkeitsfaktor: Lipgloss. Dieses lässt die Lippen wie gelackt aussehen.

Sicherlich hast du auch schon einmal den Spruch gehört: »Das wahre Alter erkennt man an den Händen«. Benutze daher mehrmals täglich, besonders nach dem Händewaschen, eine Handcreme oder ein Hand- und Nagel-Gel.

Wenn du Raucherin bist, dann bedenke, dass die Haut bereits ab dem 25. Lebensjahr den Sauerstoffgehalt in den Zellen langsam abbaut. Ab 40 geschieht dies sogar dramatisch. Rauchen verringert den Sauerstoffanteil zusätzlich. Folge: Die Haut sieht aschfahl aus, wird dünner und trockener.

Erregen eines Mannes

Männer werden vor allem über die Augen sexuell erregt. Zeige daher einen besonders interessanten Teil deines Körpers – bedeckt oder unbedeckt – als Köder, an dem er seine Fantasie spielen lassen kann. In seinem Geist bleibt er somit ständig in Versuchung. Du reizt mit dieser Vorgehensweise seine Sinne, da du ihm eine »Frucht« zeigst, die er zwar ansehen darf, aber essen ist verboten. Er wird Tag und Nacht an nichts anderes mehr denken, als endlich der Versuchung zu erliegen. Genau das erzeugt die Spannung.

Mit gewissen Tricks kannst du mit schönen Dessous deine Vorzüge betonen oder auch kleine Schwächen wegmogeln. Allgemein gilt: Egal, ob kleiner oder großer Busen, ein BH schafft einfach ein zauberhaftes Dekolleté. So liftet sozusagen ein Bügel-BH den Busen und ein Push-up-BH lässt weniger mehr erscheinen. Beim Anblick von spitzenbesetzter Unterwäsche schlägt zwar jedes Männerherz unwillkürlich höher, achte aber darauf, dass du diese nicht unter enger Oberbekleidung trägst. Hier ist die moderne, nahtlose Mikrofaserunterwäsche besser.

Wenn deine Oberweite nicht allzu üppig ist, trage ohne BH ein hautenges T-Shirt o.Ä. Du wirst staunen, wie du so auch mit einem kleinen Busen die Männeraugen auf dich aufmerksam machst.

Besonders anziehend kannst du dich kleiden, indem du enge Kleidung, kurze Röcke und Schuhe mit hohen Absätzen trägst. Auch lange, lackierte Fingernägel sind immer ein Blickfang. Enge Lederstiefel mit Pfennigabsätzen haben ebenso ihren Platz im Sexy-Outfit. Wichtig ist aber, dass du dich in der jeweiligen »Aufmachung« auch wohl fühlst, da dein Auftreten sonst gekünstelt wirkt und leicht durchschaut wird.

Äußerst eindringlich auf die Sinne wirkt auch ein nicht so perfekter Look (offenes Haar, eine zu weit geöffnete Bluse, ein zu hoch gerutschter Rock), denn er suggeriert die Situation im Schlafzimmer.

Männer haben es gern, wenn eine Frau mit High-Heels oder Over-Knie-Lederstiefeln, BH und Strapsen zu ihnen ins Bett steigt. Dies muss übrigens nicht alles für den Sex ausgezogen werden; man muss beim Sex nicht immer völlig nackt sein.

Pralle rote Lippen wirken stark anziehend. Betone deine Lippen daher mit Farbe und Lippenglanz.

Gestalte die Vorgehensweise deiner Verführung immer so, dass der Mann den Eindruck hat, du verzehrst dich nach ihm, auch, wenn dir das »Hochkitzeln« deines Partners selbst sehr viel Freude bereitet. Gebe ihm deine Lust weniger durch Worte und Handlungen zu erkennen, sondern durch die Sprache deines Körpers, deine Blicke, an deinen Reaktionen, wenn sich eure Körper näher kommen.

Willst du deinen Partner einmal so richtig heiß machen, dann gehe mit ihm aus und trage unter einem langen Kleid oder einem Mantel Wäsche, die ihn erregt. Sage ihm während des Bummels, dass du diese Wäsche an hast und gönne ihm in einem unerwarteten Moment einen kurzen Blick.

Viele Männer fahren auch voll darauf ab, wenn sie von ihrer Partnerin während eines Bummels gesagt bekommen, dass sie heute mal keinen Slip drunter hat. Das wirkt übrigens auch, wenn du Hosen trägst.

☯

Eine Möglichkeit, in der Missionarsstellung die Eindringtiefe von dir aus zu beeinflussen, besteht darin, mit deinen Händen seine Hüften oder Lenden zu umfassen und gegenzuhalten. Wenn du tiefe Stöße wünscht, lass einfach wieder los. Auch durch Bewegung deines Beckens und der Stellung der Beine ist eine Veränderung des Eindringwinkels des Penis möglich, was dir zahlreiche neue Empfindungen beschert. Noch einfacher geht es, indem du deine Hände oder Fäuste auf deine Beine legst.

Auch beim Mann können die Brustwarzen sehr sensibel auf Berührungen reagieren, da sie einen »heißen Draht« zum Penis unterhalten. Du kannst einmal versuchen, ihn in Ekstase zu kitzeln, indem du seine Brustwarzen mit zwei steifen Federn stimulierst.

Die meisten Männer genießen es genau wie die Frauen, wenn die Innenseiten ihrer Schenkel gestreichelt und geküsst werden. Auch seine »Nüsse« kannst du in die Hand nehmen, streicheln, küssen und lecken. Mit diesen solltest du aber sehr behutsam umgehen, da sie sehr druckempfindlich sind.

Ich kenne eine Frau, die ihrem Partner die Hände über seinem Kopf fesselt und ihn dann zusehen lässt, wie sie sich langsam ihren BH und ihren Slip auszieht und ihn anschließend mit dem Slip am ganzen Körper streichelt.

Für Männer ist es fast immer erregend, wenn Kleidungsstücke entfernt werden, die die Brüste, den Po oder die Genitalien der Frau bedeckten. Besonders scharf kannst du deinen Liebsten machen, wenn du dir beim Entkleiden viel Zeit lässt oder beim normalen An-, Aus- oder Umziehen »rein zufällig« eines dieser Körperteile entblößt. Schöne Spitzenunterwäsche wirkt auf alle Männer am meisten.

Wenn Ihr oft aus beruflichen Gründen getrennt lebt und du möchtest, dass sich dein Partner oft an dich erinnert, dann ziehe dich ab und zu einmal vor ihm aus. Einer derartigen Zurschaustellung des weiblichen Körpers kann sich nämlich kein Mann entziehen und er wird diese Szene immer wieder in seinem Kopf »abspulen«.

Stimuliere seinen Körper mit Teilen deines Körpers, bevor du seinen Penis berührst. Fast alle Männer finden es sehr angenehm, wenn eine Frau ihre »Nüsse« sanft berührt oder daran leckt. Manche Männer mögen dies allerdings nicht bzw. müssen erst das Vertrauen der Partnerin gewinnen, bevor sie dies gestatten (da ein allzu herber Griff starke Schmerzen verursacht).

Äußerst lustvoll ist für ihn eine Massage von Hand. Wichtig ist hierbei allerdings intuitives Einfühlungsvermögen und echte Freude am Penis, damit Bewegung und Druck mit seinem Gefühl zusammenfallen. Viele Männer können eine derartige Massage nur ertragen, wenn sie festgebunden sind, speziell, wenn es eine langsame Massage ist, bei der die Frau ihn in der Schwebe hält und seinen Orgasmus so lenkt.

Es gibt natürlich auch für die Handmassage viele Varianten, am besten ist es aber, wenn du die Vorhaut möglichst weit zurückschiebst und den Penis etwas unterhalb der Rille mit einem Ring aus Daumen und Zeigefinger fast. Du kannst aber auch abwechselnd mit der ganzen Hand zufassen. Bei längerer Massage solltest du oft die Hände wechseln.

Probiere einmal Folgendes aus: Lecke eine Handinnenseite mit deiner Zunge ab, sodass diese schön feucht ist und lege deine Hand dann um seinen »Bengel«.

Wandere mit deiner Zunge über den Vorderkörper deines Partners, besonders über seine Brustwarzen, den Bauch und den Bauchnabel und die Leistengegend.

In dem Falle, dass du lange Haare und/oder volle Brüste hast, kannst du deinem Partner mit deinen Haaren oder Brüsten sanft über seinen Rücken streichen. Die Reaktion deines Partners lässt sich noch steigern, indem du dich mit gespreizten Beinen über ihn setzt, da er dann auch noch die Wärme der Innenseiten deiner Oberschenkel spürt. Du kannst dich auch so über deinen Partner setzen, wenn er auf dem Rücken liegt und ihm zum Beispiel den Bauch und die Leistengegend massieren. Dies ist auch für dich erregend, da du spürst, wie »er« sich langsam aufrichtet und hart wird.

Wenn deine *PC-Muskeln* (das sind die Muskeln, die du anspannst, wenn du dringend mal »für kleine Mädchen« müsstest, aber gerade im Bus sitzt) trainiert sind, versuche einmal, deinem Partner einen wundervollen Orgasmus zu verschaffen, indem du diese in regelmäßigen Abständen anspannst und entspannst, wenn er kurz vor dem »Abschuss« steht. Dein Partner sollte bei dieser Methode das Bewegen dir überlassen. Er wird dir anschließend bestimmt sagen, dass er so einen Orgasmus noch nie erlebt hat. Ein Mann hat dabei nämlich das Gefühl, als wenn das Sperma aus ihm herausgesogen würde.

Um noch einmal auf die oben erwähnten PC-Muskeln zurückzukommen: Manche Frauen denken, dass sie, wenn sie regelmäßig Sport treiben, automatisch auch kräftige Beckenbodenmuskeln besitzen. Dies ist aber meist nicht so. Zur Stärkung der PC-Muskeln ist eine gezielte Beckenbodengymnastik notwendig. Auch hier gilt: Diese Muskeln sollten trainiert werden, bevor eine Schwäche festzustellen ist. Bei Frauen können schwache Beckenbodenmuskeln zum Beispiel dazu führen, dass sie beim Lachen, Husten, Nase schnäuzen oder bei körperlichen Anstrengungen Urin verlieren. Sehr zu empfehlen ist ein derartiges Muskeltraining auch nach einer Schwangerschaft, da die Beckenbodenmuskeln, egal wie stark diese vor der Geburt waren, geschwächt werden. Bereits vorher trainierte Muskeln erholen sich aber wesentlich schneller, sodass die Regeneration der ausgeweiteten Vagina ebenfalls rascher verläuft. Dr. Kegel, nach dem auch die bei den Frauen bekannte Kegel-Gymnastik benannt ist, erkannte nach einer Untersuchung von circa dreitausend Frauen, dass diejenigen mit starker Dammmuskulatur von einem bestimmten Stärke-Grad an weniger sexuelle Probleme hatten. Frauen mit schwachen Muskeln klagten dagegen regelmäßig über Unzufriedenheit mit ihrem Sexleben. Nach einem entsprechenden Training der Beckenbodenmuskulatur erlebten viele ihren ersten Orgasmus bzw. erlebten ihn stärker. Die Übungen sorgen außerdem dafür, dass die Vagina eng und elastisch bleibt.

Als Training der PC-Muskeln sind folgende zwei Übungen zu empfehlen: Spanne die PC-Muskeln langsam mit ansteigender Intensität an und halte die erreichte maximale Anspannung etwa drei Sekunden. Mit Fortschreiten deines Trainings verlängere diese Zeit auf fünf Sekunden. Anschließend lass los, entspanne dich ein Weilchen und wiederhole die Übung noch einmal. Die zweite Übung ist ein schneller Wechsel zwischen Anspannen und Entspannen der Muskeln. Absolviere diese Übung in einer Fünfer- oder Zehnerfolge mit anschließender Pause, bevor du weitere Sätze machst.

Egal, ob du große oder kleine Brüste hast, du kannst dich mit diesen gegen jedes Körperteil deines Partners drücken und ihn so richtig heiß machen. Oder berühre mit deinen Brustwarzen die seinen.

Bei den alten Chinesen wurden für eine Studie Mitglieder des Palastpersonals angewiesen, genau zu beobachten, was sich so in den Schlafzimmern der Adligen sowie ihrer Frauen und Geliebten abspielte. Diese Beobachter zeichneten auf, welche Techniken funktionierten und welche nicht. Im Laufe der Zeit entstand aus diesen Aufzeichnungen ein wahrer Schatz an Techniken der Verführungskunst und des Liebesspiels. Als einer der wichtigsten Punkte wird darin die Bedeutung von Abwechslung und Neuheit genannt. Daraus ergibt sich, dass Männer wie auch Frauen im Liebesleben kreativ mit Überraschungen umgehen sollten.

Seit ein paar Jahren gibt es im Erotik-Versand auch Parfüms mit einem Zusatz an Pheromonen. In verschiedenen Studien wurde nachgewiesen, dass diese künstlich hergestellten Pheromone die Männer betören. Sie waren zu wesentlich mehr Streicheleinheiten bereit und auch die Lust auf Sex stieg um ein Mehrfaches. Die Pheromone lösen bei den Männern ein biologisches Signal aus, dass deren Unterbewusstsein vorgaukelt, die Frau sei fruchtbar. Daraufhin reagiert der Mann mit romantischem Verhalten und folgt seinem Fortpflanzungstrieb. Wie der menschliche Körper diese »Lockstoffe« wahrnimmt, ist allerdings noch nicht geklärt.

Die Kunst, seinen Penis zu stimulieren

Beim Sex wollen Männer die unterschiedlichsten Dinge. Manche mögen sanfte Berührungen, andere eher etwas kräftigere, einige mögen Reibung, wieder andere bevorzugen es feucht und sinnlich. Aber *alle* wollen, dass man ihren Penis anfasst. Berühre daher seinen Penis in den verschiedensten Varianten: mit den Fingerspitzen, den Händen, den Lippen, der Zunge, der Nase, dem Haar, massiere ihn auch zwischen deinen Brüsten und reibe deine feuchten Schamlippen an ihm, spreize dann schließlich die Beine für ihn.

Umfasse den Penisschaft mit einer Hand und streichle in einer kreisförmigen Bewegung die Eichel. Wenn er zu wachsen beginnt, gehe zu rhythmischem Ziehen und Streicheln des Schaftes über, zuerst langsamer, dann schneller und fester. Auch hier gilt es, wie bei der Stimulation der Klitoris, darauf zu achten, dass die Finger feucht sind. Feuchte diese daher mit deiner Zunge an oder benutze ein Massageöl oder Gleit-Gel (gibt es in Erotik-Shops oder im Erotik-Versand; siehe dazu am Ende des Buches). Die meisten Männer genießen es, wenn während dieses Spiels ihre Brustwarzen liebkost und ihre Pobacken gestreichelt werden. Mit Fortschreiten seiner Erregung wirst du beobachten, wie aus seinem schlaffen Hodensack nach und nach ein straffes, pralles Knäuel wird und die Hoden fester und voller werden und sich aufrichten. Kurz vor dem Orgasmus stehen sie normalerweise ganz aufrecht.

Wenn du deinem Liebsten etwas Besonderes gönnen willst, an das er sich noch lange erinnern wird, setze dich mit dem Rücken zu ihm auf die Brust. Und zwar so, dass deine Pobacken an sein Kinn stoßen. Umfasse seinen Penis an der Wurzel mit einer Hand und ziehe mit Daumen und Zeigefinger der anderen Hand die Vorhaut soweit es geht zurück. Massiere ihn nun mit fünfzehn bis zwanzig schnellen Auf- und Abbewegungen, dann mit zehn noch schnelleren und gehe dann wieder zum langsamen Rhythmus über. Dieses Spielchen setzt du solange fort, bis du merkst, dass es unter dir recht unruhig wird und er wahrscheinlich kurz vor dem Ejakulieren ist. Verlangsame nun das Tempo und reibe »dein Kätzchen« fest auf seiner Brust. Es wird nun nicht mehr lange dauern, bis er »kommt« und zwar gewaltig.

Dieses Spielchen wird übrigens auch für dich sehr erregend sein. Probiere es einfach mal aus.

Eine wirksame Art aus dem indischen Tantra, den Penis zu stimulieren, ist folgende: Halte deine Hand wie die Haube einer Kobra, umfasse den angefeuchteten Penis mit der Handfläche und umschließe ihn mit der Daumenkuppe an der sensiblen Furche an der Unterseite der Eichel. Nun bewege die Hand auf und ab, von der Eichel bis zur Wurzel, während du mit der anderen Hand fest den Hodensack umschließt und nach dem Muladhara (Zentrum psychischer Energie zwischen Anus und Genitalien) tastest.

»Der Knaller«

Der Knaller ist aber folgende Variante: Ziehe die Vorhaut des Penis zurück und bilde aus Daumen und Zeigefinger einen Ring um die Glansfurche (das ist der Teil, wo die Eichel in den Schaft übergeht), drücke diesen sanft zusammen und streichle mit einem Finger oder zwei Fingern deiner anderen Hand die Unterseite des Penis zwischen Penisbändchen und Hodensack. Lockere den Ring dabei ab und zu und schließe ihn dann wieder etwas fester. Wenn keine ernsthaften psychischen oder physischen Störungen deines Partners vorliegen, sollte diese Methode innerhalb von zwei Minuten aus einem »schlaffen Hänger« einen »Goliath« machen.

Fellatio

Im indischen Liebeskult werden viele Varianten des Fellatio beschrieben. So kann die Zunge über die Oberfläche des Penis schnellen, lecken und flammenähnlich züngeln. Die Frau kann das Lingam (Ausdruck für seinen Penis) tief in ihren Mund nehmen, so »als ob sie eine Mangofrucht aussaugen und verschlucken würde«, wie Vatsyayana sagt, wobei sie mit ihrer Zunge die Spitze des Penis leckt und mit dem Zeigefinger das Muladhara-Zentrum liebkost.

Kurz noch etwas zum Thema Sperma: Generell gilt, das Sperma keine Krankheitserreger enthält, wenn der Mann gesund ist. Solltest du dir über den Gesundheitszustand deines Partners jedoch noch unsicher sein oder den Geschmack des Spermas nicht mögen, dann streife ihm ein Kondom über. Mit etwas Übung gelingt dir dies mit Lippen und Zähnen. Es gibt für dieses Spielchen Kondome in verschiedenen Geschmacksrichtungen. Die Gleitmittel der normalen Kondome schmecken nämlich nicht besonders und sind auch nicht zum Ablecken gedacht.

Hast du einmal keine Lust auf Fellatio, dann sage es deinem Partner ehrlich. Wenn du ihn jedoch oral befriedigst, dann sei ganz bei der Sache und sieh nicht auf die Uhr oder aus dem Fenster. Behalte aber die Kontrolle. Lege am besten eine Hand auf seinen Bauch, damit du ihn zurückschieben kannst, wenn er zu kräftig stößt.

Als »Essenz des Fellatio« könnte man das Lutschen bezeichnen. Es erzeugt im Penis einen Unterdruck, der Blut in den Penis saugt und so eine Erektion hervorruft. Fange aber nicht sofort mit dem Saugen an, sondern spiele erst noch etwas mit seinem Penis. Mach den Mund weit auf, streife mit deinen Lippen bis ganz nach unten, vollziehe mit der Zunge kreisende Bewegungen, komme wieder hoch (auch, um Luft zu holen) und wiederhole das Ganze noch einmal. Diese Praktik eignet sich auch, wenn dein Partner Schwierigkeiten hat, »ihn hoch zu kriegen«.

Intime Küsse bei dir

Um einen Cunnilingus richtig genießen zu können, ist es wichtig, dass du dich für die empfundene Erregung freimütig öffnen kannst und dich nicht etwa innerlich zur Wehr setzt. Du brauchst dabei nicht unbedingt völlig passiv zu bleiben, du kannst zum Beispiel deine Hüften bewegen, um deinen Partner zu unterstützen. Ansonsten gebe dich aber ganz seiner Zunge und seinem Mund und deinen verspürten und erwarteten Gefühlen hin. Denke einfach daran, dass du gerne ein Kind von ihm hättest und konzentriere dich voll auf das erotische Erleben und du wirst mit großer Wahrscheinlichkeit einen befriedigenden Orgasmus erleben (oder auch mehrere hintereinander).

Gib ihm eine Anleitung

Scheue dich nicht davor, ihm deine sexuellen Wünsche mitzuteilen. Wenn du es deinem Partner nicht direkt sagen möchtest, nimm während des Liebesspiels einfach seine Hand und führe sie dorthin, wo er dich gern berühren soll. Du kannst dich auch selbst streicheln, wenn er zusieht. Dies wird ihn inspirieren und als Anleitung für das nächste Mal dienen.

Sein »bestes Stück«

Im Denken der Männer nimmt der Penis meist die wichtigste Rolle ein. Sie lieben ihn als ihre größte Lustquelle, als ihre Identität, als stolzesten Besitz und als guten Freund. Bei Frauen kommt die Vagina fast immer an letzter Stelle. Liebe daher nicht nur deinen Partner, sondern auch seinen Penis, sozusagen alle beide und »ihr drei« werdet glücklich und zufrieden zusammenleben.

Anti-»Schnell-Schuss«-Tipps

In Naturfilmen und an unseren Haustieren können wir beobachten, dass die männlichen Artgenossen einen »schnellen Schuss« benötigen, um Nachkommen zu zeugen. Schließlich müssen sie, wenn sie ein paarungsbereites Weibchen gefunden haben, ständig vor zahlreichen Konkurrenten der eigenen Rasse sowie Feinden auf der Hut sein. Lässt das Weibchen nun eine Paarung zu, muss das Männchen die Gunst der Stunde – oder besser, der Sekunden – nutzen und das Weibchen begatten, bevor ein Angriff seitens eines Konkurrenten oder eines Feindes erfolgt. Man könnte sogar sagen, in der Natur ist ein »Schnell-Schuss« bei fast allen Lebewesen überlebenswichtig, und zwar aus eben genannten Gründen für das Männchen und das Weibchen wie auch für die Arterhaltung. Diese Urinstinkte und -Veranlagungen haben natürlich auch noch die heutigen Männer in ihren Genen. Eine Verlängerung des Liebesaktes und die Vermeidung eines vorzeitigen Samenergusses muss daher von den Männern erst erlernt und trainiert werden. Aus diesen Gründen sind besonders bei Männern unter fünfundzwanzig Jahren vorzeitige Samenergüsse weit verbreitet. Dafür bekommen sie allerdings auch recht schnell wieder eine neue Erektion. Beim zweiten Mal wird er dann etwas länger brauchen, da der Drang, den Samen »zu verschießen« nicht mehr so groß ist.

Da eine vorzeitige Ejakulation im Liebesspiel als »Schwäche« zu betrachten ist, muss man ähnlich wie im Sport, wenn man zu besseren Leistungen gelangen will, die entsprechenden Muskeln trainieren. Trainiert werden müssen in diesem Fall die so genannten PC-Muskeln. Die PC-Muskeln (PC steht für pubococcygeus) stützen den Beckenboden und können lokalisiert werden, indem man (und Frau) beim Wasserlassen versucht, den Urinfluss zu stoppen. Die Muskeln, die man dabei anspannt, sind die PC-Muskeln. Die PC-Muskeln können durch Anspannen und Loslassen trainiert werden. Einfach morgens und abends die PC-Muskeln zehnmal für ein paar Sekunden anspannen und wieder loslassen; während des Anspannens aber nicht die Luft anhalten. Die Übung kann überall gemacht werden, im Stehen, Sitzen, Gehen oder Liegen. Man trainiert, aber niemand sieht, was man trainiert.

Spürt dein Partner nun beim Liebespiel, das er kurz vor dem »Abschuss« ist, sollte er mit dem Stoßen aufhören und die besagten PC-Muskeln anspannen. Er kann so den nahenden Orgasmus um einiges hinauszögern oder sogar ganz wegdrücken. Je besser seine PC-Muskeln trainiert sind, desto besser wird auch das Wegdrücken funktionieren.

Nimm ihn, wie er ist oder gar nicht

Männer reagieren besonders sensibel auf Ablehnung, weil sie jede Zurückweisung gleich als Angriff auf ihre »Männlichkeit« (Potenz, Stärke) deuten. Frauen lässt eine Ablehnung natürlich auch nicht kalt, aber Männer fühlen sich dadurch gleich so verletzt, dass sie dich »in alle Ewigkeit« verdammen und zurückweisen werden, wenn sie auch nur einen leisen Hauch von Ablehnung spüren. Akzeptiere ihn daher so, wie er ist und versuche nicht, ihn nach deinen Wunschvorstellungen »zurechtzubiegen«. Es wird dir im Laufe der Zeit zwar gelingen, hier und da etwas »herumzufeilen« aber du wirst nie seinen Charakter ändern. Versuchst du es trotzdem, wird er dir das sehr übel nehmen und auch für dich bleiben Enttäuschung und Frustration nicht aus. Dass bedeutet natürlich nicht, das Männer mit Samthandschuhen angefasst werden sollten. Du solltest ihm schon bei passender Gelegenheit deine Meinung sagen, versuche aber, ihm keine Vorwürfe zu machen. Drücke deine Wünsche und Bedürfnisse klar aber freundlich aus – ohne Forderungen.

Da ein Mann nun einmal beim besten Willen nicht nachvollziehen kann, wie sich eine Frau während der Menstruation oder dem prämenstruellen Syndrom fühlt, finde dich am besten damit ab. Er steht dir ja nicht gleichgültig gegenüber, er ist nur unwissend. Zum besseren Verständnis solltest du ihm daher sagen, wie du dich fühlst. Dein Partner wird lernen und mit der Zeit auch verständnisvoller reagieren.

Bibliografie

Monika Werner: *Ätherische Öle*
Gräfe und Unzer, München 2. Auflage 1999

Vatsyayana: *Kamasutra,Leitfaden der Liebeskunst*
OTUS Verlag, St. Gallen 1999

John Baldock, Margaret Irvine: *Liebe*
Urania Verlag, Neuhausen 1998

Greenstuff, Iris u. Jochen Grün: *Weisheiten aus dem Orient*
arsEdition, München 2002

Chao-Hsiu Chen: *Lächelnde List*
Heinrich Hugendubel Verlag, Kreuzlingen 2001

Kamala Devi: Tantra-Sex
Wilhelm Goldmann Verlag, München 1978

Robert Green: Verführung
Hanser Verlag, München 2002

Glossar

Anal
Meist ist damit Analsex gemeint

Aphrodisiaka
Substanzen, die eingenommen werden, um das sexuelle Verlangen zu steigern oder zu entfachen

Bär
Ausdruck für die weibliche Schambehaarung

Bisexuell
Mensch, der sich von beiden Geschlechtern angezogen fühlt

Chlamydien
»Stille Geschlechtskrankheit« der Frau, da sie von einer Infektion oft nichts merkt, Männer dagegen Symptome zeigen

Cunnilingus
Praktik des Oral-Sex, bei der der Mann mit der Zunge die Klitoris der Frau stimuliert

Dildo
Ein künstlicher, erigierter Penis, den sich eine Frau zur sexuellen Luststeigerung in die Vagina stecken kann

Eichel
Die abgerundete, kegelförmige Penisspitze

Ejakulation
Samenerguss während des männlichen Orgasmus

Enthaarungsmittel
Creme zur Entfernung der Körperbehaarung, speziell der Schambehaarung und der Beine bei den Frauen

Erektion
Das Anschwellen und Steifwerden des Penis und der Klitoris

Erogene Zonen
Körperteile, die gegenüber sexueller Stimulation besonders empfindlich sind

Erotisch
Sexuell anregend, erregend

Fellatio
Eine Form des oralen Sex, bei der die Frau mit der Zunge den Penis stimuliert

Fetischismus
Eine Form des Sexualverhaltens, bei der ein Gegenstand oder ein Körperteil bevorzugtes oder alleiniges Objekt sexueller Erregung ist. Häufige Fetischobjekte sind Gummikleidung, High Heels und die Füße

Französisch
Lecken und Lecken lassen

Frenulum
Besonders empfindlicher Teil am Penis, direkt unter der Eichel; Vorhautbändchen

Genitalien
Die äußeren Geschlechtsorgane. Beim Mann Penis und Hoden, bei der Frau Schamlippen, Klitoris und Scheide

G-Punkt
Umstrittener Bereich oben innerhalb der Vagina, der extrem sensibel auf Druck reagiert. Benannt nach dem Entdecker Herrn Gräfenberg. Bei richtiger Stimulation kann über den G-Punkt ein Orgasmus ausgelöst werden.

Gummi
Umgangssprachlicher Name für ein Kondom

Griechisch
Analverkehr

Hepatitis C
Ist eine Leberentzündung. Eine Ansteckung erfolgt über den Blutweg, meist durch infizierten Speichel, Urin, Vaginalschleim, Sperma, Blut und nicht gründlich desinfizierte Nadeln beim Tätowieren und Piercen. Eine Virusinfektion bleibt oft ohne Symptome, daher ist die Ansteckungsgefahr hoch.

Hormone
Körpereigene Wirkstoffe, Drüsenstoffe, die im lebenden Organismus bestimmte Funktionen, Abläufe und Reaktionen steuern

Impotenz
Eine sexuelle Dysfunktion beim Mann, bei der der Betroffene keine Erektion erreichen oder lange genug aufrechterhalten kann, um Geschlechtsverkehr zu haben oder zu ejakulieren

Kamasutra
Altes indisches Buch, das sexuelle und erotische Weisheiten aus Asien enthält

Klitoris
Knospenförmiger Bereich am oberen Ende der Schamlippen, sie erigiert, wenn die Frau sexuell stimuliert wird

Kondom
Überzieher aus einer dünnen Gummihaut für »sein bestes Stück«

Lesbe
Frau, die auf Frauen steht

Libido
Sexualtrieb oder -verlangen

Lingam
Sanskritwort für Penis

Masturbation
Sexuelle Selbstbefriedigung

Missionarsstellung
Klassische Position des Geschlechtsverkehrs, bei der der Mann oben liegt. Der Ausdruck wurde von Eingeborenen geprägt, weil sie diese Stellung bei den Missionaren beobachtet haben.

Neunundsechzig
Er leckt bei ihr und sie bei ihm

Oral-Sex
Die Stimulation der Genitalien des Partners mit dem Mund (siehe Cunnilingus und Fellatio)

Orgasmus
Der »Höhepunkt« der sexuellen Erregung, bei dem äußerst angenehme Empfindungen wahrgenommen werden. Beim Mann meist mit einer Ejakulation verbunden.

Ouvert
Im »Schritt« offen (z.B. beim Body)

Perineum
Bereich zwischen After und Hoden bzw. Vagina; sehr sensibler Bereich, den zu streicheln und zu massieren viel Lust bereitet

Pheromone
Nach außen abgegebene Wirkstoffe, die bei anderen Individuen der gleichen Art stark anregend wirken

Schamlippen
Die großen, äußeren, behaarten Hautfalten, die an der Seite der Scham-

spalte liegen und die kleinen, mit Schleimhaut bedeckten Hautlappen unter bzw. neben den großen Schamlippen

Süßer Tod
Literarische Bezeichnung für den Orgasmus

Tantra
Indische Glaubenslehre

Taoismus
Chinesische Glaubenslehre

Testosteron
Männliches Geschlechtshormon; steuert u.a. den Geschlechtstrieb

Vibrator
Ein batteriebetriebenes Gerät, oft in Form eines erigierten Penis, das vibriert und zur Stimulation der Klitoris oder der Scheide eingesetzt wird

Vorhaut
Die Hautfalte, die die Eichel des Penis bedeckt und zurückgezogen werden kann

Vorspiel
Das »Heißmachen« der Frau für den Sex

Vorzeitige Ejakulation
Sexuelle Dysfunktion, bei der der Mann vor oder sofort nach dem »Reinstecken« ejakuliert

Voyeur
Person, die anderen unbemerkt bei sexuellen Handlungen oder beim Ausziehen zusieht

Vulva
Die äußeren weiblichen Geschlechtsteile

Yoni
Sanskritwort für die weiblichen Genitalien

Internet-Adressen

Wir bitten um Verständnis, dass weder der Autor noch der Verlag eine Verantwortung für die Inhalte der Web-Seiten sowie deren Verknüpfungen zu anderen Web-Seiten (Links) übernehmen kann. Die Inhalte und die Ausrichtung der Internet-Adressen werden allein von den Webseitenanbietern verantwortet. Sämtliche Verweise auf die nachfolgend genannten Web-Seiten erfolgen unter ausdrücklicher Missbilligung aller damit eventuell in Bezug genommenen Rechtsverletzungen. Für die Richtigkeit und Vollständigkeit der genannten Adressdaten sowie der jeweiligen Web-Seiten wird keine Gewähr übernommen.

Aphrodisiaka
www.lotus-jade.de
U.a. aphrodisierende Liebestränke

Erotikartikel und Hilfsmittel
www.lustmittel.de
Sex-Toys

Erotik-Shopping
www.eroticforfun.de
Sexy Wäsche, Erotik-Bücher, High Heels

Ratgeber
www.sexualberatung.de
Dr. Love berät ganz diskret

www.ob-online.de
Beratung zum Thema Tampon

www.willy-online.de
Männer sollten reinschauen

www.doclove.de
Berät anonym bei Liebesfragen

www.loveinfo.de
Guter Rat in Sachen Liebe und Sex

www.sextra.de
Die Seite von »Pro-Familia«

www.netdoktor.de
Für alle Themenbereiche

Olaf Huth:

Die Erfolgs-Geheimnisse der besten Liebhaberinnen

ISBN 3-9808-35841-7

Dieses Buch offenbart die geheimen Sehnsüchte und Vorlieben der Männer. Erfahren Sie, was Männer antörnt und welche Ängste und Zweifel sie haben. Lernen Sie, die versteckten Signale der Männer richtig zu verstehen und wie Sie bekommen, was Sie wollen.

Die in diesem Buch genannten Tipps und Tricks werden Ihrem Liebesleben das gewisse Etwas verleihen. Es sind die Erfolgs-Geheimnisse der besten Liebhaberinnen der Welt aus der Vergangenheit und Gegenwart, die Sexgeheimnisse der Callgirls sowie lebendige Erfahrungsberichte.

Sollten Sie einen Titel in Ihrer örtlichen Buchhandlung nicht erhalten, dann können Sie diesen auch bei den Internet-Buchhandlungen »www.amazon.de« und »www.libri.de« bestellen.

Olaf Huth:

Erfolgreich flirten und verführen

ISBN 3-9808-3583-9

In diesem Buch erfahren Sie, warum Sie weder reich noch schön sein müssen, um bei den Frauen Erfolg zu haben. Was wirklich zählt, sind ganz andere Eigenschaften.

Profitieren Sie von dem Wissen der besten Flirter und Verführer aus der Vergangenheit und Gegenwart.

Erfahren Sie, was Sie für Frauen begehrenswert macht, wie Sie mit Frauen in Kontakt kommen, wo sich die besten Flirtplätze befinden, was man(n) in Sachen Flirten und Verführung unbedingt tun sollte und was lieber unterlassen.

Leben Sie nicht länger in Ihren Träumen, sondern lassen Sie Ihre Träume vom Glück zu zweit wahr werden.

Sollten Sie einen Titel in Ihrer örtlichen Buchhandlung nicht erhalten, dann können Sie diesen auch bei den Internet-Buchhandlungen »www.amazon.de« und »www.libri.de« bestellen.

Olaf Huth:

Die Erfolgs-Geheimnisse der Millionäre

Strategien zum Reichtum

ISBN 3-9808-3586-3

Olaf Huth:

Geld sparen mit dem Internet

Gut leben und trotzdem sparen

ISBN 3-9808-3587-1